Martin Luther, Karl von Buchrucker

Dr. Martin Luthers kleiner Katechismus

mit erklärenden Fragen und Antworten und Erläuterungen

Martin Luther, Karl von Buchrucker

Dr. Martin Luthers kleiner Katechismus
mit erklärenden Fragen und Antworten und Erläuterungen

ISBN/EAN: 9783744617352

Hergestellt in Europa, USA, Kanada, Australien, Japan

Cover: Foto ©ninafisch / pixelio.de

Weitere Bücher finden Sie auf **www.hansebooks.com**

Dr. Martin Luthers
kleiner Katechismus

mit

erklärenden Fragen und Antworten

und

erläuternden und beweisenden Sprüchen der heiligen Schrift

samt

der Augsburgischen Konfession.

Von

Dr. Karl v. Buchrucker,

Königl. Oberkonsistorialrat in München.

Sechzigste Auflage.

Verkaufspreis: ungebunden 26 Pfennig.

—◦◦◦◦◦—

Nürnberg, 1895.
Druck und Verlag von U. E. Sebald.

Privilegium.

Wir Maximilian Joseph,

von Gottes Gnaden König von Bayern.

Nachdem Wir unterm 26. Dezember vorigen Jahres die Einführung eines neuen Gesangbuches für sämtliche protestantische Gemeinden Unseres Königreiches genehmigt haben, so finden Wir Uns nunmehr bewogen, zur bessern Begründung einer Versorgungs-Anstalt für Pfarrers-Witwen und Waisen das Privilegium auf dieses Gesangbuch sowohl, als auf alle noch erscheinenden liturgischen Schriften zum kirchlichen Gebrauche, so wie auf die protestantischen Religionsbücher zum Unterrichte in Schulen, der zu errichtenden allgemeinen Pfarr-Witwen-Kasse zu verleihen.

Wir erteilen daher dieser allgemeinen Pfarr-Witwen-Kasse das Recht, die obgedachten Bücher, zur Erzielung der möglich wohlfeilsten Preise und der nötigen Gleichförmigkeit, ganz allein zu verlegen, zu drucken, auszugeben und feil zu haben, und dieselben durch ihre aufgestellten Kommissionarien im ganzen Königreiche verkaufen zu lassen.

Demzufolge verbieten Wir allen Unsern Unterthanen, insonderheit aber allen, in Unsern Staaten angesessenen Buchdruckern und Buchhändlern bei Vermeidung Unserer allerhöchsten Ungnade und einer Strafe von ein hundert Dukaten, wovon jedesmal die Hälfte Unserer Staats-Kasse, die andere Hälfte aber der allgemeinen Pfarr-Witwen-Kasse zufallen soll, sich unter keinerlei Form und Vorwand, weder mittel- oder unmittelbar, einen Nachdruck oder Debit gemeldter Bücher und Schriften zu erlauben.

Zugleich ermächtigen Wir die allgemeine Pfarr-Witwen-Kasse-Administration zur Sicherung dieses Privilegiums, bei verspürten Eingriffen mit Hilfe Unserer Obrigkeiten gegen die Beeinträchtigenden einzuschreiten, die unrechtmäßigen Auflagen wegnehmen zu lassen, und nach den darüber erhaltenen Weisungen damit zu schalten; weswegen auch zu jedermanns Kenntnis und Warnung, die in dem Verlage der Pfarr-Witwen-Kasse erscheinenden Schriften mit einem besonderen Stempel vor der Abgabe bezeichnet werden sollen.

Zu dessen Urkunde haben Wir diesen Brief allerhöchst eigenhändig unterschrieben, Unser Königliches geheimes Insiegel aufdrucken lassen und die Bekanntmachung desselben durch das Regierungsblatt befohlen.

Gegeben in Unserer Haupt- und Residenzstadt München den vierten August im ein tausend acht hundert und elften Jahre, Unsers Reiches im sechsten.

Max Joseph.

Graf von Montgelas.

Auf Königl. allerhöchsten Befehl
der General-Sekretär
F. Kobell.

Vorwort.

Da die jüngste Generalsynode zu Ansbach die Ober-Kirchenbehörde gebeten hat, den von mir verfaßten Katechismus unter die Zahl der zu fakultativem Gebrauch zugelassenen Katechismuserklärungen aufzunehmen, und infolge dessen die hohe Stelle eine revidierte Vorlage desselben verlangte, so erscheint mein Büchlein hiemit in veränderter und damit, wie ich zuversichtlich hoffe, in verbesserter Gestalt. Ich konnte für den Auftrag der Revision nur dankbar sein, indem mir so bestimmte Veranlassung gegeben war, Veränderungen und Ergänzungen anzubringen, welche ich längst als Bedürfnis empfunden und nur in Rücksicht auf die im Besitze befindlichen Auflagen unterlassen hatte.

Daß die Veränderungen den Gang und die Methode, welche vom Thatsächlichen zum Begrifflichen fortschreitet, nicht betreffen konnten, wird man natürlich finden, indem ich damit das Eigentümliche meiner Arbeit aufgegeben hätte.

Wie die Methode, so ist auch die Einrichtung beibehalten, daß die mit † bemerklich gemachten Sprüche als die leichtesten, die mit * gezeichneten als die schwersten anzusehen sind.

Die eingeschalteten Ziffern weisen auf die Nummern hin, unter welchen die einzelnen Sprüche im eingeführten Spruchbuche sich vorfinden.

Dem großen Hirten der Schafe sei das Büchlein auch auf diesem Gange befohlen.

München, an Luthers Geburtstag, 1878.

Der Verfasser.

Vorrede zur fünfzigsten Auflage.

Durch Gottes Segen ist das vorliegende Büchlein, welches 1867 zum erstenmal ausgegangen, im Laufe der Jahre zur Freude des Verfassers und des Verlegers ein Jubilar geworden, welcher die Lehrer und Schüler, die sich seiner bedienen, im Festgewande begrüßt. Es hat den Weg nicht nur durch die engere und weitere Heimat, sondern auch nach Österreich, Ungarn und Rußland gefunden und ist dabei nicht müde, sondern immer nur zuversichtlicher und fröhlicher geworden. Es zieht aufs neue seine Straße mit dem Wunsche, daß ihm Gott die alten Freunde erhalte und neue dazu schenke. Hat es ja doch das gute Gewissen, daß sein Was die reine Lehre, und sein Wie der Ton ist, welcher den Eingang zu den kindlichen Herzen sucht.

Und so vertraut es sich denn ferner dem himmlischen Geleitsmanne an.

München, den 15. Juni 1890.

Der Verfasser.

Erstes Hauptstück.

Die heiligen zehn Gebote.

Das erste Gebot.
Ich bin der HErr dein Gott; du sollst keine anderen Götter neben mir haben.

Was ist das?

Wir sollen Gott über alle Dinge fürchten, lieben und vertrauen.

Das zweite Gebot.
Du sollst den Namen deines Gottes nicht mißbrauchen.

Was ist das?

Wir sollen Gott fürchten und lieben, daß wir bei seinem Namen nicht fluchen, schwören, zaubern, lügen oder trügen, sondern denselbigen in allen Nöten anrufen, beten, loben und danken.

Das dritte Gebot.
Du sollst den Feiertag heiligen.

Was ist das?

Wir sollen Gott fürchten und lieben, daß wir die Predigt und sein Wort nicht verachten; sondern dasselbige heilig halten, gerne hören und lernen.

Das vierte Gebot.
Du sollst deinen Vater und deine Mutter ehren.

Was ist das?

Wir sollen Gott fürchten und lieben, daß wir unsere Eltern und Herren nicht verachten noch erzürnen; sondern sie in Ehren halten, ihnen dienen, gehorchen, sie lieb und wert haben.

Das fünfte Gebot.
Du sollst nicht töten.

Was ist das?

Wir sollen Gott fürchten und lieben, daß wir unserm Nächsten an seinem Leibe keinen Schaden noch Leid thun; sondern ihm helfen und fördern in allen Leibesnöten.

Das sechste Gebot.
Du sollst nicht ehebrechen.

Was ist das?

Wir sollen Gott fürchten und lieben, daß wir keusch und züchtig leben in Worten und Werken, und ein jeglicher sein Gemahl lieben und ehren.

Das siebente Gebot.
Du sollst nicht stehlen.

Was ist das?

Wir sollen Gott fürchten und lieben, daß wir unsers Nächsten Geld oder Gut nicht nehmen, noch mit falscher Ware oder Handel an uns bringen; sondern ihm sein Gut und Nahrung helfen bessern und behüten.

Das achte Gebot.
Du sollst nicht falsch Zeugnis reden wider deinen Nächsten.

Was ist das?

Wir sollen Gott fürchten und lieben, daß wir unsern Nächsten nicht fälschlich belügen, verraten, afterreden oder bösen Leumund machen; sondern ihn entschuldigen, gutes von ihm reden, und alles zum besten kehren.

Das neunte Gebot.
Du sollst dich nicht lassen gelüsten deines Nächsten Haus.

Was ist das?

Wir sollen Gott fürchten und lieben, daß wir unserm Nächsten nicht mit List nach seinem Erbe oder Hause stehen, noch mit einem Schein des Rechten an uns bringen; sondern ihm dasselbige zu behalten förderlich und dienstlich sein.

Das zehnte Gebot.
Du sollst dich nicht lassen gelüsten deines Nächsten Weib, Knecht, Magd, Vieh, oder alles, was sein ist.

Was ist das?

Wir sollen Gott fürchten und lieben, daß wir unserm Nächsten sein Weib, Gesinde oder Vieh nicht abspannen, abbringen, oder abwendig machen; sondern dieselbigen anhalten, daß sie bleiben und thun, was sie schuldig sind.

Was sagt nun Gott von diesen Geboten allen?

Er sagt also: **Ich, der HErr dein Gott, bin ein eifriger Gott, der über die, so mich hassen, die Sünde der Väter heimsucht an den Kindern bis in's dritte und vierte Glied, aber denen, so mich lieben und meine Gebote halten, denen thue ich wohl bis in tausend Glied.**

Was ist das?

Gott dräuet zu strafen alle, die diese Gebote übertreten. Darum sollen wir uns fürchten vor seinem Zorn, und nicht wider solche Gebote thun. Er verheißet aber Gnade und alles Gute allen, die solche Gebote halten. Darum sollen wir ihn auch lieben und vertrauen, und gerne thun nach seinen Geboten.

Zweites Hauptstück.

Das christliche Glaubensbekenntnis.

Der erste Glaubensartikel.

Von der Schöpfung.

Ich glaube an Gott den Vater, allmächtigen Schöpfer Himmels und der Erden.

Was ist das?

Ich glaube, daß mich Gott geschaffen hat samt allen Kreaturen, mir Leib und Seele, Augen, Ohren und alle Glieder, Vernunft und alle Sinne gegeben hat, und noch erhält; dazu Kleider und Schuh, Essen und Trinken, Haus und Hof, Weib und Kind, Äcker, Vieh und alle Güter, mit aller Notdurft und Nahrung des Leibes und Lebens reichlich und täglich versorget; wider alle Fährlichkeit beschirmet, und vor allem

Übel behütet und bewahret; und das alles aus lauter väterlicher, göttlicher Güte und Barmherzigkeit, ohne alle mein
Verdienst und Würdigkeit; das alles ich ihm zu danken und
zu loben, und dafür zu dienen und gehorsam zu sein schuldig
bin. Das ist gewißlich wahr.

Der zweite Glaubensartikel.

Von der Erlösung.

Ich glaube an JEsum Christum, Gottes eingebornen Sohn, unsern Herrn, der empfangen ist von
dem heiligen Geist, geboren aus Maria der Jungfrau,
gelitten unter Pontio Pilato, gekreuziget, gestorben und
begraben, niedergefahren zur Hölle, am dritten Tage
wieder auferstanden von den Toten, aufgefahren gen
Himmel, sitzend zur Rechten Gottes, des allmächtigen
Vaters, von dannen er kommen wird, zu richten die
Lebendigen und die Toten.

Was ist das?

Ich glaube, daß JEsus Christus, wahrhaftiger Gott, vom
Vater in Ewigkeit geboren, und auch wahrhaftiger Mensch,
von der Jungfrau Maria geboren, sei mein HErr, der mich
verlornen und verdammten Menschen erlöset hat, erworben
und gewonnen von allen Sünden, vom Tod und von der Gewalt des Teufels, nicht mit Gold oder Silber, sondern mit
seinem heiligen, teuern Blut und mit seinem unschuldigen Leiden und Sterben; auf daß ich sein eigen sei, und in
seinem Reiche unter ihm lebe und ihm diene in ewiger Gerechtigkeit, Unschuld und Seligkeit, gleichwie er ist auferstanden
vom Tode, lebet und regieret in Ewigkeit. Das ist gewißlich wahr.

Der dritte Glaubensartikel.

Von der Heiligung.

Ich glaube an den heiligen Geist, Eine heilige
christliche Kirche, die Gemeine der Heiligen, Vergebung
der Sünden, Auferstehung des Fleisches und ein ewiges Leben. Amen.

Ich glaube, daß ich nicht aus eigener Vernunft noch Kraft an JEsum Christum, meinen HErrn, glauben oder zu ihm kommen kann; sondern der heilige Geist hat mich durch's Evangelium berufen, mit seinen Gaben erleuchtet, im rechten Glauben geheiliget und erhalten; gleichwie er die ganze Christenheit auf Erden berufet, sammelt, erleuchtet, heiliget, und bei JEsu Christo erhält im rechten einigen Glauben; in welcher Christenheit er mir und allen Gläubigen täglich alle Sünde reichlich vergibt, und am jüngsten Tage mich und alle Toten auferwecken wird, und mir samt allen Gläubigen in Christo ein ewiges Leben geben wird. Das ist gewißlich wahr.

Drittes Hauptstück.

Das heilige Vaterunser.

Der Eingang.

Vater unser, der du bist im Himmel.

Was ist das?

Gott will uns damit locken, daß wir glauben sollen, er sei unser rechter Vater, und wir seine rechten Kinder, auf daß wir getrost und mit aller Zuversicht ihn bitten sollen, wie die lieben Kinder ihren lieben Vater.

Die erste Bitte.

Geheiliget werde dein Name.

Was ist das?

Gottes Name ist zwar an ihm selbst heilig; aber wir bitten in diesem Gebet, daß er auch bei uns heilig werde.

Wie geschieht das?

Wo das Wort Gottes lauter und rein gelehrt wird, und wir auch heilig, als die Kinder Gottes darnach leben. Das hilf uns, lieber Vater im Himmel! Wer aber anders lehret und lebet, denn das Wort Gottes lehret, der entheiliget unter uns den Namen Gottes. Davor behüt uns, himmlischer Vater!

Die zweite Bitte.

Dein Reich komme.

Was ist das?

Gottes Reich kommt wohl ohne unser Gebet von ihm selbst; aber wir bitten in diesem Gebet, daß es auch zu uns komme.

Wie geschieht das?

Wenn der himmlische Vater uns seinen heiligen Geist gibt, daß wir seinem heiligen Wort durch seine Gnade glauben, und göttlich leben hie zeitlich und dort ewiglich.

Die dritte Bitte.

Dein Wille geschehe, wie im Himmel, also auch auf Erden.

Was ist das?

Gottes guter und gnädiger Wille geschieht wohl ohne unser Gebet; aber wir bitten in diesem Gebet, daß er auch bei uns geschehe.

Wie geschieht das?

Wenn Gott allen bösen Rat und Willen bricht und hindert, so uns den Namen Gottes nicht heiligen und sein Reich nicht kommen lassen wollen, als da ist des Teufels, der Welt und unseres Fleisches Wille; sondern stärket und behält uns fest in seinem Wort und Glauben bis an unser Ende. Das ist sein gnädiger, guter Wille.

Die vierte Bitte.

Unser täglich Brot gib uns heute.

Was ist das?

Gott gibt täglich Brot auch wohl ohne unsre Bitte allen bösen Menschen; aber wir bitten in diesem Gebet, daß er's uns erkennen lasse, und wir mit Danksagung empfahen unser täglich Brot.

Was heißt denn täglich Brot?

Alles, was zur Leibes-Nahrung und Notdurft gehört, als Essen, Trinken, Kleider, Schuh, Haus, Hof, Äcker, Vieh, Geld,

Gut, fromm Gemahl, fromme Kinder, fromm Gesinde, fromme und getreue Oberherren, gut Regiment, gut Wetter, Friede, Gesundheit, Zucht, Ehre, gute Freunde, getreue Nachbarn und desgleichen.

Die fünfte Bitte.

Vergib uns unsre Schuld, wie wir vergeben unsern Schuldigern.

Was ist das?

Wir bitten in diesem Gebet, daß der Vater im Himmel nicht ansehen wolle unsere Sünde, und um derselbigen willen solche Bitte nicht versagen. Denn wir sind der keines wert, das wir bitten, haben's auch nicht verdient, sondern er wolle uns alles aus Gnaden geben; denn wir täglich viel sündigen, und wohl eitel Strafe verdienen. So wollen wir zwar wiederum auch herzlich vergeben, und gerne wohlthun denen, die sich an uns versündigen.

Die sechste Bitte.

Und führe uns nicht in Versuchung.

Was ist das?

Gott versucht zwar niemand; aber wir bitten in diesem Gebet, daß uns Gott wolle behüten und erhalten, auf daß uns der Teufel, die Welt und unser Fleisch nicht betrüge, noch verführe in Mißglauben, Verzweiflung und andere große Schande und Laster, und ob wir damit angefochten würden, daß wir doch endlich gewinnen und den Sieg behalten.

Die siebente Bitte.

Sondern erlöse uns von dem Übel.

Was ist das?

Wir bitten in diesem Gebet, als in der Summa, daß uns der Vater im Himmel von allerlei Übel Leibes und der Seele, Gutes und Ehre erlöse, und zuletzt, wenn unser Stündlein kommt, ein seliges Ende beschere, und mit Gnaden aus diesem Jammerthal zu sich nehme in den Himmel.

Der Beschluß.

Denn Dein ist das Reich und die Kraft und die Herrlichkeit in Ewigkeit. Amen.

Was ist das?

Daß ich soll gewiß sein, solche Bitten sind dem Vater im Himmel angenehm und erhöret. Denn er selbst hat uns geboten, also zu beten, und verheißen, daß er uns wolle erhören. Amen, Amen, das heißt: Ja, ja, es soll also geschehen!

———

Viertes Hauptstück.

Das Sakrament der heiligen Taufe.

Was ist die Taufe?

Die Taufe ist nicht allein schlecht Wasser, sondern sie ist das Wasser in Gottes Gebot gefaßt, und mit Gottes Wort verbunden.

Welches ist denn solch Wort Gottes?

Da unser HErr Christus spricht, Matthäi am letzten: **Gehet hin in alle Welt, und lehret alle Völker, und taufet sie im Namen des Vaters und des Sohnes und des heiligen Geistes.**

Was gibt oder nützt die Taufe?

Sie wirket Vergebung der Sünden, erlöset vom Tod und Teufel, und gibt die ewige Seligkeit allen, die es glauben, wie die Worte und Verheißung Gottes lauten.

Welches sind denn solche Worte nud Verheißung Gottes?

Da unser HErr Christus spricht, Marci am letzten: **Wer da glaubet und getauft wird, der wird selig werden; wer aber nicht glaubet, der wird verdammet werden.**

Wie kann Wasser solche große Dinge thun?

Wasser thut's freilich nicht, sondern das Wort Gottes, so mit und bei dem Wasser ist, und der Glaube, so solchem Wort Gottes im Wasser trauet. Denn ohne Gottes Wort ist das Wasser schlecht Wasser und keine Taufe. Aber mit dem Worte Gottes ist es eine Taufe, das ist, ein gnadenreich Waſſer des Lebens und ein Bad der neuen Geburt im heiligen Geiſt, wie St. Paulus ſagt zu Tito im dritten Kapitel: Durch das Bad der Wiedergeburt und Erneuerung des heiligen Geiſtes, welchen er ausgegoſſen hat über uns reichlich durch JEſum Chriſtum, unſern Heiland; auf daß wir durch desſelbigen Gnade gerecht und Erben ſeien des ewigen Lebens nach der Hoffnung. Das iſt je gewißlich wahr.

Was bedeutet denn ſolch Waſſertaufen?

Es bedeutet, daß der alte Adam in uns durch tägliche Reue und Buße ſoll erſäuft werden und ſterben mit allen Sünden und böſen Lüſten, und wiederum täglich herauskommen und auferſtehen ein neuer Menſch, der in Gerechtigkeit und Reinigkeit vor Gott ewiglich lebe.

Wo ſtehet das geſchrieben?

St. Paulus zu den Römern am ſechſten ſpricht: So ſind wir je mit ihm begraben durch die Taufe in den Tod, auf daß, gleichwie Chriſtus iſt auferwecket von den Toten durch die Herrlichkeit des Vaters, also ſollen auch wir in einem neuen Leben wandeln.

Fünftes Hauptſtück.

Das Sakrament des Altars oder das heilige Abendmahl.

Was iſt das Sakrament des Altars?

Es iſt der wahre Leib und Blut unſers HErrn JEſu Chriſti, unter dem Brot und Wein uns Chriſten zu eſſen und zu trinken von Chriſto ſelbſt eingeſetzt.

Wo ſtehet das geſchrieben?

So ſchreiben die heiligen Evangeliſten Matthäus, Marcus, Lucas und St. Paulus: Unſer HErr JEſus Chriſtus in der Nacht, da er verraten ward, nahm er das Brot, dankete und brach's, und gab's seinen Jüngern und sprach: Nehmet hin und esset; das ist mein Leib, der für euch gegeben wird. Solches thut zu meinem Gedächtnis. — Desselbigen gleichen nahm er auch den Kelch nach dem Abendmahl, dankete, und gab ihnen den, und sprach: Nehmet hin und trinket alle daraus. Dieser Kelch ist das neue Testament in meinem Blut, das für euch vergossen wird zur Vergebung der Sünden. Solches thut so oft ihr's trinket, zu meinem Gedächtnis.

Was nützet denn solch Essen und Trinken?

Das zeigen uns diese Worte: Für euch gegeben und vergossen zur Vergebung der Sünden; nämlich, daß uns im Sakrament Vergebung der Sünden, Leben und Seligkeit durch solche Worte gegeben wird. Denn wo Vergebung der Sünden ist, da ist auch Leben und Seligkeit.

Wie kann leiblich Essen und Trinken solche große Dinge thun?

Essen und trinken thut's freilich nicht, sondern die Worte, so da stehen: Für euch gegeben und vergossen zur Vergebung der Sünden. Welche Worte sind neben dem leiblichen Essen und Trinken als das Hauptstück im Sakrament; und wer denselbigen Worten glaubet, der hat was sie sagen, und wie sie lauten, nämlich Vergebung der Sünden.

Wer empfähet denn solch Sakrament würdiglich?

Fasten und leiblich sich bereiten, ist wohl eine feine äußerliche Zucht; aber der ist recht würdig und wohl geschickt, der den Glauben hat an diese Worte: Für euch gegeben und vergossen zur Vergebung der Sünden. Wer aber diesen Worten nicht glaubet oder zweifelt, der ist unwürdig und ungeschickt. Denn das Wort: Für euch, fordert eitel glaubige Herzen.

Sechstes Hauptstück.

Das Amt der Schlüssel und die Beichte.

Als Anhang.

Welches sind die Worte vom Amt der Schlüssel?

Der HErr JEsus blies seine Jünger an und sprach zu ihnen: Nehmet hin den heiligen Geist. Welchen ihr die Sünden vergebet, denen sind sie vergeben, und welchen ihr sie behaltet, denen sind sie behalten.

Was ist das?

Ich glaube, was die berufenen Diener Christi aus seinem göttlichen Befehl mit uns handeln, sonderlich, wenn sie die öffentlichen und unbußfertigen Sünder von der christlichen Gemeinde ausschließen, und die, so ihre Sünden bereuen und sich bessern wollen, entbinden, daß es alles so kräftig und gewiß sei auch im Himmel, als handelte es unser lieber HErr Christus selbst.

Was ist die Beichte?

Die Beichte begreift zwei Stücke in sich: eines, daß man die Sünden bekenne, das andere, daß man die Absolution oder Vergebung vom Beichtiger empfahe, als von Gott selber, und ja nicht daran zweifele, sondern fest glaube, die Sünden seien dadurch vergeben vor Gott im Himmel.

Welche Sünden soll man denn beichten?

Vor Gott soll man aller Sünden sich schuldig geben, auch die wir nicht erkennen, wie wir im Vater Unser thun; aber vor dem Beichtiger sollen wir allein die Sünden bekennen, die wir wissen und fühlen im Herzen.

Welche find die?

Da fiehe deinen Stand an nach den zehn Geboten, ob du Vater, Mutter, Sohn, Tochter, Herr, Frau, Knecht, Magd feiest; ob du ungehorsam, untreu, unfleißig gewesen feiest; ob du jemand Leid gethan haft mit Worten oder Werken; ob du gestohlen, versäumet, verwahrloset oder Schaden gethan haft.

Anhang
des kleinen Katechismus Luthers.

I. Gebete.

Der Morgenjegen.

Das walt Gott, Vater, Sohn und heiliger Geist. Amen.

Ich danke dir, mein himmlischer Vater, durch Jesum Christum, deinen lieben Sohn, daß du mich diese Nacht vor allem Schaden und Gefahr behütet haft, und bitte dich, du wollest mich diesen Tag auch behüten vor Sünden und allem Übel, daß dir all mein Thun und Leben gefalle; denn ich befehle mich, meinen Leib und meine Seele, und alles in deine Hände. Dein heiliger Engel sei mit mir, daß der böse Feind keine Macht an mir finde. Amen.

Der Abendsegen.

Das walt Gott, Vater, Sohn und heiliger Geist. Amen.

Ich danke dir, mein himmlischer Vater, durch Jesum Christum, deinen lieben Sohn, daß du mich diesen Tag gnädiglich behütet haft, und bitte dich, du wollest mir vergeben alle meine Sünde, wo ich Unrecht gethan habe, und mich diese Nacht gnädiglich behüten; denn ich befehle mich, meinen Leib und meine Seele, und alles in deine Hände. Dein heiliger Engel sei mit mir, daß der böse Feind keine Macht an mir finde. Amen.

Das Gebet vor dem Essen.

Aller Augen warten auf dich, Herr, und du gibst ihnen ihre Speise zu seiner Zeit. Du thust deine milde Hand auf, und sättigest alles, was lebet, mit Wohlgefallen.

Vater unser 2c.

Herr Gott, himmlischer Vater, segne uns und diese deine Gaben, die wir von deiner milden Güte zu uns nehmen, durch Jesum Christum, unsern Herrn. Amen.

Das Gebet nach dem Essen.

Danket dem Herrn, denn er ist freundlich, und seine Güte währet ewiglich, der allem Fleisch Speise gibt, der dem Vieh sein Futter gibt, den jungen Raben, die ihn anrufen. Er hat nicht Lust an der Stärke des Rosses, noch Gefallen an jemandes Beinen. Der Herr hat Gefallen an denen, die ihn fürchten, und auf seine Güte warten.

Vater unser 2c.

Wir danken dir, Herr Gott, himmlischer Vater, durch Jesum Christum, unsern Herrn, für alle deine Wohlthat, der du lebest und regierest in Ewigkeit. Amen.

II. Die Haustafel.

Den Bischöfen, Pfarrherren und Predigern.

Ein Bischof soll unsträflich sein, eines Weibes Mann, nüchtern, mäßig, sittig, gastfrei, lehrhaftig, nicht ein Weinsäufer, nicht pochen, nicht unehrliche Hantierung treiben, sondern gelinde, nicht haberhaftig, nicht geizig; der seinem eigenen Hause wohl vorstehe, der gehorsame Kinder habe mit aller Ehrbarkeit, nicht ein Neuling; der ob dem Worte halte, das gewiß ist, und lehren kann, auf daß er mächtig sei zu ermahnen durch die heilsame Lehre und zu strafen die Widersprecher. 1 Tim. 3, 2. 2c. 2c. Tit. 1, 9.

Was die Zuhörer ihren Lehrern und Seelsorgern zu thun schuldig seien.

Esset und trinket, was sie haben. Denn ein Arbeiter ist seines Lohnes wert. Luc. 10, 7.

Also hat der Herr befohlen, daß, die das Evangelium verkündigen, sollen sich vom Evangelio nähren. 1 Cor. 9, 14.

Der unterrichtet wird mit dem Wort, der teile mit allerlei Gutes dem, der ihn unterrichtet. Irret euch nicht; Gott läßt sich nicht spotten. Gal. 6, 6—7.

Die Ältesten, die wohl vorstehen, die halte man zweifacher Ehren wert, sonderlich, die da arbeiten im Wort und in der Lehre. Denn es spricht die Schrift: Du sollst dem Ochsen nicht das Maul verbinden, der da drischet. Und ein Arbeiter ist seines Lohnes wert. 1 Tim. 5, 17—18.

Wir bitten euch, lieben Brüder, daß ihr erkennet, die an euch arbeiten und euch vorstehen in dem Herrn und euch vermahnen. Habt sie desto lieber um ihres Werkes willen, und seid friedsam mit ihnen. 1 Thess. 5, 12—13.

Gehorchet euren Lehrern und folget ihnen; denn sie wachen über eure Seelen, als die da Rechenschaft dafür geben sollen, auf daß sie das mit Freuden thun, und nicht mit Seufzen; denn das ist euch nicht gut. Hebr. 13, 17.

Von weltlicher Obrigkeit.

Jedermann sei unterthan der Obrigkeit, die Gewalt über ihn hat. Denn es ist keine Obrigkeit, ohne von Gott; wo aber Obrigkeit ist, die ist von Gott verordnet. Wer sich nun wider die Obrigkeit setzet, der widerstrebet Gottes Ordnung; die aber widerstreben, werden über sich ein Urteil empfahen. Denn die Gewaltigen sind nicht den guten Werken, sondern den bösen zu fürchten. Willst du dich aber nicht fürchten vor der Obrigkeit, so thue Gutes. Denn sie ist Gottes Dienerin, dir zu gut. Thust du aber Böses, so fürchte dich; denn sie trägt das Schwert nicht umsonst; sie ist Gottes Dienerin, eine Rächerin zur Strafe über den, der Böses thut. Röm. 13, 1—4.

Von den Unterthanen.

Gebet dem Kaiser, was des Kaisers ist, und Gott was Gottes ist. Matth. 22, 21.

So seid nun aus Not unterthan, nicht allein um der Strafe willen, sondern auch um des Gewissens willen. Derohalben müsset ihr auch Schoß geben; denn sie sind Gottes Diener, die solchen Schutz sollen handhaben. So gebet nun jedermann, was ihr schuldig seid, Schoß, dem der Schoß gebühret, Zoll, dem der Zoll gebühret, Furcht, dem die Furcht gebühret, Ehre, dem die Ehre gebühret. Röm. 13, 5—7.

So ermahne ich nun, daß man vor allen Dingen zuerst thue, Bitte, Gebet, Fürbitte und Danksagung für alle Menschen, für die Könige und für alle Obrigkeit, auf daß wir ein geruhiges und stilles Leben führen mögen in aller Gottseligkeit und Ehrbarkeit; denn solches ist gut, dazu auch angenehm vor Gott, unserm Heilande. 1 Tim. 2, 1—3.

Erinnere sie, daß sie den Fürsten und der Obrigkeit unterthan und gehorsam, zu allem guten Werk bereit seien. Tit. 3, 1.

Seid unterthan aller menschlichen Ordnung um des Herrn willen, es sei dem Könige, als dem Obersten, oder den Hauptleuten, als den Gesandten von ihm, zur Rache über die Übelthäter und zu Lobe den Frommen. 1 Petr. 2, 13—14.

Den Ehemännern.

Ihr Männer, wohnet bei euern Weibern mit Vernunft, und gebet dem weiblichen, als dem schwächsten Werkzeuge, seine Ehre, als auch Miterben der Gnade des Lebens, auf daß euer Gebet nicht verhindert werde. 1 Petr. 3, 7.

Ihr Männer, liebet eure Weiber, und seid nicht bitter gegen sie. Col. 3, 19.

Den Eheweibern.

Desselbigen gleichen sollen die Weiber ihren Männern unterthan sein, wie die Sara Abraham gehorsam war und hieß ihn Herr, welcher Töchter ihr worden seid, so ihr wohl thut und nicht so schüchtern seid. 1 Petr. 3, 1, 6.

Den Eltern.

Ihr Väter, reizet eure Kinder nicht zum Zorn; sondern ziehet sie auf in der Zucht und Vermahnung zum Herrn. Eph. 6, 4.

Ihr Väter, erbittert eure Kinder nicht, auf daß sie nicht scheu werden. Col. 3, 21.

Den Kindern.

Ihr Kinder seid gehorsam euern Eltern in dem Herrn; denn das ist billig. Ehre Vater und Mutter, das ist das erste Gebot, das Verheißung hat, auf daß dir's wohl gehe und du lange lebest auf Erden. Eph. 6, 1—3.

Den Knechten, Mägden, Taglöhnern und Arbeitern.

Ihr Knechte seid gehorsam euern leiblichen Herren mit Furcht und Zittern, in Einfältigkeit eures Herzens, als Christo, nicht mit Dienst allein vor Augen, als den Menschen zu gefallen, sondern als die Knechte Christi, daß ihr solchen Willen

Gottes thut von Herzen, mit gutem Willen. Lasset euch dün=
ken, daß ihr dem Herrn dienet und nicht den Menschen, und
wisset, was ein jeglicher gutes thun wird, das wird er von dem
Herrn empfahen, er sei ein Knecht oder ein Freier. Eph. 6,
5—8.

Den Hausherren und Hausfrauen.

Ihr Herren, thut auch dasselbige gegen sie, und lasset das
Drohen, und wisset, daß auch euer Herr im Himmel ist, und
ist bei ihm kein Ansehen der Person. Eph. 6, 9.

Der Jugend insgemein.

Ihr Jungen, seid unterthan den Ältesten; allesamt seid
unter einander unterthan, und haltet fest an der Demut. Denn
Gott widerstehet den Hoffärtigen; aber den Demütigen gibt er
Gnade. So demütigt euch nun unter die gewaltige Hand
Gottes, daß er euch erhöhe zu seiner Zeit. 1 Petr. 5, 5—6.

Den Witwen.

Das ist eine rechte Witwe, die einsam ist, die ihre Hoff=
nung auf Gott stellet, und bleibet am Gebet und Flehen Tag
und Nacht; welche aber in Wollüsten lebet, die ist lebendig
tot. 1 Tim. 5, 5—6.

Der Gemeine.

Liebe deinen Nächsten als dich selbst; in dem Worte sind
alle Gebote verfasset. Und haltet an mit Beten für alle Men=
schen. Röm. 13, 9. 1 Tim. 2, 1.

———

Ein jeder lern sein Lektion,
So wird es wohl im Hause stohn.

Beichtformeln.

1.

Allmächtiger Gott, barmherziger Vater! ich armer, sündiger Mensch bekenne dir alle meine Sünde und Missethat, womit ich dich jemals erzürnet, und deine Strafe zeitlich und ewiglich verdient habe. Sie sind mir aber alle herzlich leid, und reuen mich sehr; und ich bitte dich um deiner grundlosen Barmherzigkeit und um des unschuldigen, bittern Leidens deines lieben Sohnes Jesu Christi willen, du wollest mir armen, sündhaften Menschen gnädig und barmherzig sein, mir alle meine Sünden vergeben, und mich also stärken durch deinen Geist, daß ich mein sündliches Leben bessere, und mich rechtschaffen zu dir bekehre. O mein Gott! ich hoffe auf deine Gnade; erbarme dich über mich, und schenke mir deinen Frieden. Amen.

2.

Für Konfirmanden.

Allmächtiger Gott, barmherziger Vater! ich bekenne vor deinem allerheiligsten Angesichte, daß ich leider den in der Taufe geschlossenen Bund vielfach übertreten, und durch Ungehorsam und Trotz, Leichtsinn und Bosheit, Lüge und Verstellung, Unmäßigkeit und Trägheit, und durch viele andre böse Lüste dich beleidigt und deine gerechte Strafe verdient habe. Ach, Herr, gedenke nicht der Sünden meiner Jugend und meiner Übertretung; gedenke aber meiner nach deiner Barmherzigkeit um deiner Güte willen. Nimm mich wieder zu Gnaden an: so will ich mich gern bessern, und mich dir auf's neue zu einem lebendigen Opfer begeben. Stärke du mich selbst in diesem Vorsatz, und erhalte mich, o du ewiger, dreieiniger Gott, in deiner Gnade bis an mein Ende. Amen.

Einleitung.

Vom Katechismus und von der heiligen Schrift.

1. Aus welchem Büchlein sollst du recht glauben, christlich leben und selig sterben lernen?

Aus dem kleinen Katechismus Dr. Martin Luthers.

2. Was versteht man unter Katechismus?

Einen kurzen, gemeinverständlichen Unterricht.

3. Wer hat diesen Katechismus verfaßt?

Dr. Martin Luther, geboren den 10. November 1483, gestorben den 18. Februar 1546.

4. Wie ist er dazu gekommen?

Er hat eine große Kirchenvisitation gehalten und allenthalben die gröbste Unwissenheit gefunden.

5. Warum heißt dieser Katechismus der kleine?

Weil Luther auch einen großen geschrieben hat.

6. Woraus ist die Lehre des Katechismus geschöpft?

Aus Gottes Wort, wie es in der heiligen Schrift oder Bibel geschrieben steht.

7. Wie wird die Bibel eingeteilt nach der Zeit ihrer Abfassung?

In das alte und in das neue Testament.

8. Wie wird sie eingeteilt nach ihrem Inhalt?

In Gesetz und Evangelium.

9. Wie nennen wir die Bücher der heiligen Schrift?

Kanonische von Kanon, Richtschnur, weil sie die Richtschnur unseres Glaubens und Lebens sind.

(Apokryphische, d. i. verborgene, beim Gottesdienst nicht vorgelesene Bücher.)

10. Warum ist die Bibel diese Richtschnur?

Weil sie von Gott selbst eingegeben und von heiligen Männern Gottes geschrieben ist.

* 1. (1) Hebr. 1, 1—2. Nachdem vorzeiten Gott manchmal und mancherlei Weise geredet hat zu den Vätern durch die Propheten, hat er am letzten in diesen Tagen zu uns geredet durch den Sohn, welchen er gesetzet hat zum Erben über alles, durch welchen er auch die Welt gemacht hat. Gal. 1, 11—12.

2. (2) 2 Petr. 1, 21. Es ist noch nie eine Weissagung aus menschlichem Willen hervorgebracht; sondern die heiligen Menschen Gottes haben geredet, getrieben von dem heiligen Geist.

11. Was trägt sie vermöge dieses Ursprungs in sich?

Eine Kraft Gottes, selig zu machen.

* 3. (3) Hebr. 4, 12. Das Wort Gottes ist lebendig und kräftig und schärfer denn kein zweischneidig Schwert, und durchdringet, bis daß es scheidet Seele und Geist, auch Mark und Bein, und ist ein Richter der Gedanken und Sinne des Herzens.

4. (4) Röm. 1, 16. Ich schäme mich des Evangelii von Christo nicht; denn es ist eine Kraft Gottes, die da selig macht alle, die daran glauben. 1 Cor. 1, 18. 24.

5. (5) 2 Tim. 3, 15—17. Weil du von Kind auf die heilige Schrift weißest, kann dich dieselbige unterweisen zur Seligkeit durch den Glauben an Christo Jesu. Denn alle Schrift, von Gott eingegeben, ist nütze zur Lehre, zur Strafe, zur Besserung, zur Züchtigung in der Gerechtigkeit, daß ein Mensch Gottes sei vollkommen, zu allem guten Werk geschickt. Ps. 19, 8. Ps. 119, 130.

12. An wem kann sie diese Kraft erweisen?

An jedem, der sie fleißig und mit Heilsbegier ge=
braucht.

† 6. (7) Joh. 5, 39. Suchet in der Schrift; denn
ihr meinet, ihr habt das ewige Leben darinnen, und sie
ist's, die von mir zeuget. Jes. 34, 16. 5 Mos. 6, 6. 7.

† 7. (9) Pf. 119, 105. Dein Wort ist meines Fu=
ßes Leuchte, und ein Licht auf meinem Wege.

13. Wie wird der Katechismus eingeteilt?

In die sechs Hauptstücke und in die Haustafel.

Erstes Hauptstück.

14. Wovon handelt das erste Hauptstück?

Von den heiligen zehn Geboten.

15. Wie nennt man diese mit einem Wort?

Das Gesetz.

16. Wem hat Gott das Gesetz zunächst gegeben?

Dem Volke Israel durch Mosen.

8. (10) Joh. 1, 17. Das Gesetz ist durch Mosen ge=
geben; die Gnade und Wahrheit ist durch Jesum Chri=
stum geworden. Röm. 2, 15—16.

17. Warum gilt es auch noch für die Christen?

Weil es Christus im neuen Testamente bestätigt hat.
Bergpredigt, Matth. 5. 6. 7., besonders 5, 17. 18.

18. Was fordert das Gesetz von uns?

Liebe zu Gott und Liebe zu dem Nächsten.

* 9. (12) Matth. 22, 37—40. Du sollst lieben Gott,
deinen Herrn, von ganzem Herzen, von ganzer Seele und
von ganzem Gemüte. Dies ist das vornehmste und
größte Gebot. Das andere aber ist dem gleich: Du
sollst deinen Nächsten lieben als dich selbst. In diesen
zweien Geboten hanget das ganze Gesetz und die Prophe=
ten. Matth. 7, 12. 1 Tim. 1, 5.

19. Welche Gebote fordern die Liebe zu Gott?

Die drei ersten Gebote, auf der ersten Tafel.

20. Welche fordern die Liebe zu dem Nächsten?

Die sieben letzten Gebote, auf der zweiten Tafel.

Das erste Gebot.

Ich bin der HErr dein Gott; du sollst keine andere Götter neben mir haben.

Was ist das?

Wir sollen Gott über alle Dinge fürchten, lieben und vertrauen.

21. Warum gibt Gott seinem Gesetze die Überschrift: „Ich bin der HErr dein Gott?

Daß uns beides, seine Majestät und Liebe, zu rechtem Gehorsam treibe.

22. Was ist im ersten Gebot verboten?

Die Abgötterei, und zwar die grobe wie die feine.

23. Wer treibt grobe Abgötterei?

Der Heide, der etwas anbetet, das nicht Gott ist.

10. (15) 2 Mos. 20, 4—5. Du sollst dir kein Bildnis noch irgend ein Gleichnis machen, weder des, das oben im Himmel, noch des, das unten auf Erden, oder des, das im Wasser unter der Erde ist. Bete sie nicht an, und diene ihnen nicht. 3 Mos. 26, 1. Off. Joh. 22, 8—9. Röm. 1, 21—23. Pf. 97, 7.

24. Wer treibt feine Abgötterei?

Jeder, der sein Herz an etwas hängt, das nicht Gott ist.

† 11. (17) 1 Joh. 2, 15. Habt nicht lieb die Welt, noch was in der Welt ist. So jemand die Welt lieb hat, in dem ist nicht die Liebe des Vaters. Jac. 4, 4.

12. (18) Matth. 6, 24. Ihr könnet nicht Gott dienen und dem Mammon. Hiob 31, 24—25. 1 Tim. 6, 17. Eph. 5, 5.

† 13. (19) Spr. 3, 5. Verlaß dich auf den Herrn von ganzem Herzen, und verlaß dich nicht auf deinen Verstand. Jer. 9, 23. 24.

25. Was ist im ersten Gebot geboten?

Daß wir Gott über alle Dinge 1) fürchten, 2) lieben und 3) vertrauen.

26. Was heißt über alle Dinge?

Mehr als alle Dinge.

27. Warum sollen wir Gott über alle Dinge fürchten?

Weil er der allein Mächtige und Heilige ist.

14. (21) Pf. 33, 8—9. Alle Welt fürchte den Herrn, und vor ihm scheue sich alles, was auf dem Erdboden wohnet; denn so er spricht, so geschieht's; so er gebeut, so steht's da. Jer. 5, 22. 10, 6—7. Mal. 1, 6.

† 15. (23) 1 Mos. 39, 9. Wie sollte ich ein so groß Übel thun und wider Gott sündigen? (Joseph.)

16. (24) Pf. 111, 10. Die Furcht des Herrn ist der Weisheit Anfang. Das ist eine feine Klugheit; wer darnach thut, des Lob bleibet ewiglich. Spr. 8, 13. 16, 6. Röm. 8, 15.

Beispiele: Abraham. 1 Mos. 18, 17—19. Daniel und seine Freunde. Dan. 3, 16—18.

28. Warum sollen wir ihn über alle Dinge lieben?

Weil er das höchste Gut ist.

17. (26) Pf. 73, 25—26. Wenn ich nur dich habe, so frage ich nichts nach Himmel und Erde. Wenn mir gleich Leib und Seele verschmachtet, so bist du doch, Gott, allezeit meines Herzens Trost und mein Teil.

18. (27) Matth. 10, 37. Wer Vater oder Mutter mehr liebet denn mich, der ist mein nicht wert. Und wer Sohn oder Tochter mehr liebet denn mich, der ist mein nicht wert.

† 19. (28) 1 Joh. 5, 3. Das ist die Liebe zu Gott, daß wir seine Gebote halten, und seine Gebote sind nicht schwer. Joh. 14, 15. 23—24.

* 20. (29) 1 Joh. 4, 20—21. So jemand spricht: Ich liebe Gott, und hasset seinen Bruder, der ist ein Lügner. Denn wer seinen Bruder nicht liebet, den er siehet, wie kann der Gott lieben, den er nicht siehet? Und dies Gebot haben wir von ihm, daß, wer Gott liebet, daß der auch seinen Bruder liebe.

29. Warum sollen wir ihm über alle Dinge vertrauen?

Weil er allein wahrhaft helfen kann und will.

† 21. (30) Pf. 118, 8. Es ist gut, auf den Herrn vertrauen, und sich nicht verlassen auf Menschen.

† 22. (31) 1 Petr. 5, 7. Alle eure Sorge werfet auf ihn; denn er sorget für euch. Pf. 55, 23.

† 23. (32) Pf. 37, 5. Befiehl dem Herrn deine Wege und hoffe auf ihn, er wird's wohl machen.

24. (33) Hebr. 10, 35. Werfet euer Vertrauen nicht weg, welches eine große Belohnung hat.

Lied Nr. 409. Befiehl du deine Wege c.

Das zweite Gebot.

Du sollst den Namen deines Gottes nicht mißbrauchen.

Was ist das?

Wir sollen Gott fürchten und lieben, daß wir bei seinem Namen nicht fluchen, schwören, zaubern, lügen oder trügen; sondern denselbigen in allen Nöten anrufen, beten, loben und danken.

30. Was ist Gottes Name?

Alles, womit man Gott nennt oder meint.

31. Was ist im zweiten Gebot verboten?

Der Mißbrauch des Namens Gottes.

25. (35) 2 Mof. 20, 7. Du sollst den Namen des Herrn, deines Gottes, nicht mißbrauchen; denn der Herr wird den nicht ungestraft lassen, der seinen Namen mißbraucht.

32. Was heißt mißbrauchen?

Falsch gebrauchen.

33. Wann mißbrauchen wir den Namen Gottes?

Wenn wir ihn leichtsinnig, und wenn wir ihn freventlich gebrauchen

34. Wann gebrauchen wir ihn leichtsinnig?

Wenn wir ihn gedankenlos aussprechen.

35. Wann gebrauchen wir ihn freventlich?

Wenn wir bei seinem Namen fluchen, schwören, zaubern, lügen oder trügen.

36. Was heißt fluchen?

Im Namen Gottes dem Nächsten Böses wünschen.

† 26. (38) Röm. 12, 14. Segnet, die euch verfolgen, segnet, und fluchet nicht.

27. (39) 1 Petr. 3, 9. Vergeltet nicht Böses mit Bösem, oder Scheltwort mit Scheltwort; sondern dagegen segnet, und wisset, daß ihr dazu berufen seid, daß ihr den Segen beerbet. 1 Petr. 2, 23.

Beispiel: Simei. 2 Sam. 16, 5—8.

37. Was heißt schwören?

Sich auf Gott als den Zeugen der Wahrheit und als den Rächer der Unwahrheit berufen.

28. (40) 5 Mos. 10, 20. Den Herrn, deinen Gott, sollst du fürchten, ihm sollst du dienen, ihm sollst du anhangen, und bei seinem Namen schwören. Hebr. 6, 16.

38. Wann ist dies ein Mißbrauch des Namens Gottes?

Wenn wir falsch schwören, oder ohne Not und Gebot.

29. (41) Ezech. 17, 19. So wahr ich lebe, spricht der Herr, so will ich meinen Eid, den er verachtet hat, und meinen Bund, den er gebrochen hat, auf seinen Kopf bringen. Zach. 8, 17.

30. (42) Matth. 5, 34. 37. Ich aber sage euch, daß ihr allerdinge nicht schwören sollt. Eure Rede aber sei: ja, ja, nein, nein. Was darüber ist, das ist vom Übel.

39. Was heißt hier zaubern?

Mit dem Namen Gottes geheime Künste treiben, oder für sich treiben lassen.

40. Was heißt hier lügen?

Unter dem Deckmantel des göttlichen Namens falsche Lehre verkünden.

41. Was heißt hier trügen?

Unter dem Schein eines gottseligen Wesens ein ungöttliches Leben führen.

31. (45) Matth. 15, 8. Dies Volk nahet sich zu mir mit seinem Munde, und ehret mich mit seinen Lippen; aber ihr Herz ist ferne von mir. Matth. 7, 21. Pf. 50, 16—17.

32. (46) 2 Tim. 3, 5. Die da haben den Schein eines gottseligen Wesens, aber seine Kraft verleugnen, solche meide.

Beispiel: Die Pharisäer. Matth. 23, 23—28. Anania. Apstg. 5.

42. Was ist dagegen geboten?

Der rechte Gebrauch des Namens Gottes durch Anrufen, Beten, Loben und Danken.

43. Wann sollen wir ihn anrufen?

In allen Nöten.

† 33. (47) Pf. 50, 15. Rufe mich an in der Not, so will ich dich erretten, so sollst du mich preisen. Jes. 26, 16.

† 34. (48) Pf. 145, 18. Der Herr ist nahe allen, die ihn anrufen, allen, die ihn mit Ernst anrufen. Pf. 91, 14—15.

44. Was heißt beten?

Auch ohne besondere Not mit Gott reden und umgehen.

35. (387) Pf. 19, 15. Laß dir wohlgefallen die Rede meines Mundes und das Gespräch meines Herzens vor dir, Herr, mein Hort und mein Erlöser.

36. (49) Eph. 6, 18. Betet stets in allem Anliegen, mit Bitten und Flehen im Geist, und wachet dazu mit allem Anhalten und Flehen für alle Heiligen. Jac. 5, 13. Phil. 4, 6.

37. (50) Phil. 4, 6. Sorget nichts; sondern in allen Dingen lasset eure Bitte im Gebet und Flehen mit Danksagung vor Gott kund werden. 1 Theff. 5, 17.

† 38. (391) 1 Theff. 5, 17. Betet ohne Unterlaß.

Luc. 18, 1—8. Pf. 55, 17—18.

Morgenlied Nr. 437. Abendlied Nr. 470.

45. Was heißt loben?

Gottes herrliches Walten freudig rühmen.

39. (51) Pf. 103, 1—4. Lobe den Herrn, meine Seele, und was in mir ist, seinen heiligen Namen. Lobe den Herrn, meine Seele, und vergiß nicht, was er dir Gutes gethan hat, der dir alle deine Sünden vergibt, und heilet alle deine Gebrechen, der dein Leben vom Verderben erlöset, der dich krönet mit Gnade und Barmherzigkeit. Pf. 145, 1—2.

Lied Nr. 9: Sei Lob und Ehr ꝛc.

46. Was heißt danken?

Gott für seine Wohlthaten demütig preisen.

40. (53) Pf. 92, 2—3. Das ist ein köstlich Ding, dem Herrn danken, und lobsingen deinem Namen, du Höchster, des Morgens deine Gnade, und des Nachts deine Wahrheit verkündigen. Pf. 50, 14.

41. (54) Col. 3, 17. Alles, was ihr thut, mit Worten oder mit Werken, das thut alles in dem Namen des Herrn Jesu, und danket Gott und dem Vater durch ihn.

Beispiele: Noah. 1 Mof. 8, 20. Der Samariter. Luc. 17, 16.
Lied Nr. 3: Nun danket alle Gott ꝛc.

Das dritte Gebot.

Du sollst den Feiertag heiligen.

Was ist das?

Wir sollen Gott fürchten und lieben, daß wir die Predigt und sein Wort nicht verachten; sondern dasselbige heilig halten, gerne hören und lernen.

47. Was ist im dritten Gebot geboten?

Die Heiligung des Feiertags.

48. Was heißt feiern?

Von der Arbeit ruhen.

49. Wann hat Gott die Arbeit verordnet?

Als er sprach: „Füllet die Erde und machet sie euch unterthan;" und abermal: „Im Schweiße deines Angesichtes sollst du dein Brot essen."

50. Mit welchen Worten schärft auch das neue Testament die Arbeit ein?

Es sagt: „Wer nicht arbeitet, soll auch nicht essen."

51. Aber was dürfen wir über der Arbeit nicht vergessen?

Daß wir eine ewige Bestimmung haben.

52. Was hat Gott deshalb eingesetzt?

Den Feiertag oder Sabbat.

* 42. (56) 2 Mos. 20, 9—10. Sechs Tage sollst du arbeiten, und alle deine Dinge beschicken; aber am siebenten Tage ist der Sabbat des Herrn, deines Gottes. Da sollst du kein Werk thun, noch dein Sohn, noch deine Tochter, noch dein Knecht, noch deine Magd, noch dein Vieh, noch dein Fremdling, der in deinen Thoren ist. Matth. 12, 1—8. Ezech. 20, 20.

53. Was heißt heiligen?

Absondern und Gott weihen.

54. Welches war der Feiertag der Israeliten?

Der siebente Wochentag oder der Samstag, zum Andenken an die vollendete Schöpfung.

† 43. (55) 1 Mos. 2, 3. Gott segnete den siebenten Tag, und heiligte ihn, darum, daß er an demselben geruhet hatte von allen seinen Werken. 2 Mos. 16, 23.

55. Welches ist der Feiertag der Christen?

Der erste Wochentag oder der Sonntag, der Tag des HErrn, zum Andenken an die vollendete Erlösung.

56. Weshalb erinnert er an die vollendete Erlösung?

Weil Christus, unser Erlöser, am Sonntage auferstanden ist.

57. Feiern wir bloß das Wochenfest seiner Auferstehung?

Nein, wir begehen auch das Jahresfest derselben an Ostern, sowie die Gedenktage an die andern Großthaten Gottes in dem Leben unseres Heilandes, welche zusammen das Kirchenjahr bilden.

58. Was ist verboten?

Die Entheiligung des Feiertages.

59. Wann entheiligen wir den Feiertag?

Wenn wir die Predigt und sein Wort verachten, indem wir der Arbeit oder der Weltlust nachgehen.

44. (58) Spr. 13, 13. Wer das Wort verachtet, der verderbet sich selbst; wer aber das Gebot fürchtet, dem wird es vergolten.

45. (59) Hebr. 10, 25. Lasset uns nicht verlassen unsere Versammlung, wie etliche pflegen, sondern unter einander ermahnen, und das so viel mehr, so viel ihr sehet, daß sich der Tag nahet.

60. Warum heißt „die Predigt verachten": soviel als „Gottes Wort verachten"?

Weil die Predigt die Verkündigung des göttlichen Wortes ist.

61. Wann heiligen wir also den Feiertag?

Wenn wir das Wort Gottes heilig halten, gerne hören und lernen.

62. Was heißt Gottes Wort heilig halten?

Es nicht für Menschenwort, sondern für Gottes eigenes Wort ansehen und ehren.

63. Womit beweisen wir, daß wir es gerne hören und lernen?

Durch freudige Übung des kirchlichen, häuslichen und werkthätigen Gottesdienstes.

46. (63) Pf. 26, 6—8. Ich halte mich, Herr, zu deinem Altar, da man höret die Stimme des Dankes, und da man prediget alle deine Wunder, Herr, ich habe lieb die Stätte deines Hauses und den Ort, da deine Ehre wohnet. Pf. 84, 2—3.

47. (64) Pred. 4, 17. Bewahre deinen Fuß, wenn du zum Hause Gottes gehest und komme, daß du hörest.

48. (65) Col. 3, 16. Lasset das Wort Christi unter euch reichlich wohnen, in aller Weisheit; lehret und vermahnet euch selbst mit Psalmen und Lobgesängen

und geistlichen, lieblichen Liedern, und singet dem Herrn in eurem Herzen.

* 49. (61) Jac. 1, 22—24. Seid aber Thäter des Worts, und nicht Hörer allein, womit ihr euch selbst betrüget. Denn so jemand ist ein Hörer des Worts, und nicht ein Thäter, der ist gleich einem Manne, der sein leiblich Angesicht im Spiegel beschauet. Denn nachdem er sich beschauet hat, gehet er von Stund an davon, und vergisset, wie er gestaltet war. Luc. 8, 15.

50. (62) Jac. 1, 27. Ein reiner und unbefleckter Gottesdienst vor Gott dem Vater ist der, die Waisen und Witwen in ihrer Trübsal besuchen, und sich von der Welt unbefleckt behalten. Math. 25, 35—36. Hebr. 10, 24. 1 Cor. 16, 2. Apstg. 11, 29.

† 51. (66) Luc. 11, 28. Selig sind, die Gottes Wort hören und bewahren.

Beispiele: Moses. 2 Mos. 35. Simeon und Hanna. Luc. 2. Lydia. Apstg. 16, 14. Die Gläubigen in Beroe. Apstg. 17, 11—12.

Das vierte Gebot.

Du sollst deinen Vater und deine Mutter ehren.

Was ist das?

Wir sollen Gott fürchten und lieben, daß wir unsere Eltern und Herren nicht verachten noch erzürnen; sondern sie in Ehren halten, ihnen dienen, gehorchen, sie lieb und wert haben.

64. Was ist im vierten Gebot geboten?

Daß wir Vater und Mutter ehren.

65. Warum sollen wir die Eltern ehren?

Weil sie von Gott über uns gesetzt sind.

66. Was ist dagegen verboten?

Wir sollen sie nicht verachten, noch erzürnen.

67. Was heißt sie verachten?

Nichts nach ihnen fragen, oder gar ihrer sich schämen.

52. (67) Spr. 30, 17. Ein Auge, daß den Vater verspottet, und verachtet der Mutter zu gehorchen, das müssen die Raben am Bach aushacken, und die jungen Adler fressen. Spr. 13, 1.

68. Was heißt sie erzürnen?

Durch Leichtsinn oder Trotz ihren Unwillen erregen.

69. Wie sollen wir aber die Eltern ehren?

Wir sollen sie in Ehren halten, ihnen dienen gehorchen, sie lieb und wert haben.

70. Was heißt sie in Ehren halten?

Sie hochhalten, auch wenn sie alt und schwach geworden sind.

53. (69) Matth. 15, 4. Du sollst Vater und Mutter ehren. Wer aber Vater und Mutter flucht, der soll des Todes sterben. Spr. 19, 26.

71. Was heißt ihnen dienen?

Sich ihnen unterordnen und allezeit zu Willen sein.

72. Was heißt gehorchen?

Auf ihre Befehle hören und aufs Wort gehen.

54. (70) Eph. 6, 1—3. Ihr Kinder, seid gehorsam euren Eltern in dem Herrn; denn das ist billig. Ehre Vater und Mutter, das ist das erste Gebot, daß Verheißung hat, auf daß dir's wohlgehe, und du lange lebest auf Erden.

† 55. (71) Spr. 1, 8. Mein Kind, gehorche der Zucht deines Vaters, und verlaß nicht das Gebot deiner Mutter.

73. Was heißt sie lieb und wert haben?

Eine herzliche Zuneigung zu ihnen haben, und eine teuere Gottesgabe in ihnen sehen.

3 *

† 56. (72) 1 Tim. 5, 4. Den Eltern Gleiches ver=
gelten, das ist wohlgethan und angenehm vor Gott.
Beispiele: Isaak. 1 Mos. 22. Jesus. Luc. 2, 51—52. Dagegen: Elis
Söhne. 1 Sam. 2, 12, 4, 11.

74. Wen sollen wir noch ehren?

Unsere Herren.

75. Wer sind unsere Herren?

Die uns vorgesetzt sind: im Hause die Meister
und Dienstherrschaften, in der Schule und Kirche die
Lehrer und Geistlichen, im Lande die Obrigkeit.

*57. (79) Eph. 6, 5—8. Ihr Knechte, seid gehor=
sam euren leiblichen Herren mit Furcht und Zittern,
in Einfältigkeit eures Herzens, als Christo; nicht mit
Dienst allein vor Augen, als den Menschen zu gefallen,
sondern als die Knechte Christi, daß ihr solchen Willen
Gottes thut von Herzen, mit gutem Willen. Lasset euch
dünken, daß ihr dem Herrn dienet, und nicht den Men=
schen; und wisset, was ein jeglicher Gutes thun wird,
das wird er von dem Herrn empfahen, er sei ein Knecht
oder ein Freier. Col. 3, 22—24. Tit. 2, 9—10. (Elieser.
Des Hauptmanns Knecht.)

† 58. (77) Hebr. 13, 17. Gehorchet euren Lehrern
und folget ihnen; denn sie wachen über eure Seelen,
als die da Rechenschaft dafür geben sollen, auf daß sie
das mit Freuden thun und nicht mit Seufzen, denn das
ist euch nicht gut. (Knaben zu Bethel.)

59. (73) Röm. 13, 1. Jedermann sei unterthan der
Obrigkeit, die Gewalt über ihn hat. Denn es ist keine
Obrigkeit, ohne von Gott; wo aber Obrigkeit ist, die ist
von Gott verordnet.

† 60. (75) Matth. 22, 21. Gebet dem Kaiser, was
des Kaisers ist, und Gott, was Gottes ist.

*61. (76) 1 Tim. 2, 1—3. So ermahne ich nun, daß
man vor allen Dingen zuerst thue Bitte, Gebet, Für=
bitte und Danksagung für alle Menschen, für die
Könige und für alle Obrigkeit, auf daß wir ein
geruhiges und stilles Leben führen mögen in aller Gott=

seligkeit und Ehrbarkeit. Denn solches ist gut, dazu auch angenehm vor Gott, unserm Heilande.

Das fünfte Gebot.

Du sollst nicht töten.

Was ist das?

Wir sollen Gott fürchten und lieben, daß wir unserm Nächsten an seinem Leibe keinen Schaden noch Leid thun; sondern ihm helfen und fördern in allen Leibesnöten.

76. Was ist im fünften Gebot verboten?

Das Töten, da einer dem andern freventlich das Leben nimmt.
Beispiel: Kain und Abel.

62. (81) 1 Mos. 9, 6. Wer Menschenblut vergießt, des Blut soll auch durch Menschen vergossen werden; denn Gott hat den Menschen zu seinem Bilde gemacht. 3 Mos. 24, 17.

77. Was ist noch weiter verboten?

Daß wir unserm Nächsten an seinem Leibe auch keinen Schaden noch Leid thun.

78. Aus welcher Gesinnung entspringt das Schadenthun und Töten?

Aus Zorn, Haß, Neid, Rachsucht und dergleichen.

79. Was ist also eigentlich im fünften Gebot verboten?

Alle Feindseligkeit und Bosheit.

* 63. (83) Matth. 5, 21—22. Ihr habt gehört, daß zu den Alten gesagt ist: Du sollst nicht töten, wer aber tötet, der soll des Gerichtes schuldig sein. Ich aber sage euch: Wer mit seinem Bruder zürnet, der ist des Gerichts schuldig; wer aber zu seinem Bruder sagt: Racha, der ist des Rats schuldig; wer aber sagt: Du Narr, der ist des höllischen Feuers schuldig.

64. (84) 1 Joh. 3, 15. **Wer seinen Bruder hasset**, der ist ein Totschläger; und ihr wisset, daß ein Totschläger nicht hat das ewige Leben bei ihm bleibend.

65. (85) Spr. 24, 17. **Freue dich des Falles deines Feindes nicht**, und dein Herz sei nicht froh über sein Unglück.

66. (87) Röm. 12, 19. **Rächet euch selbst nicht**, meine Liebsten; sondern gebet Raum dem Zorn. Denn es stehet geschrieben: Die Rache ist mein; ich will vergelten, spricht der Herr. 1 Petr. 3, 9. Spr. 23, 29.

80. Was ist dagegen geboten?

Die Menschenfreundlichkeit.

81. Wann beweisen wir diese?

Wenn wir unserm Nächsten helfen und ihn fördern in allen Leibesnöten.

Beispiel: Der barmherzige Samariter.

67. (89) Eph. 4, 32. **Seid unter einander freundlich, herzlich**, und vergebet einer dem andern, gleichwie Gott euch vergeben hat in Christo. Col. 3, 12—13. Eph. 4, 1—3.

82. Welches ist die höchste, aber auch schwerste Erweisung der Menschenliebe?

Die Liebe gegen die Feinde.

68. (90) Matth. 5, 44. **Ich aber sage euch: Liebet eure Feinde; segnet**, die euch fluchen; **thut wohl denen**, die euch hassen; **bittet für die**, so euch beleidigen und verfolgen. Röm. 12, 21.

69. (91) Röm. 12, 18. **Ist es möglich, so viel an euch ist, so habt mit allen Menschen Friede.**

† 70. (92) Matth. 5, 9. **Selig sind die Friedfertigen; denn sie werden Gottes Kinder heißen.** Spr. 17, 19.

Beispiele: Abraham und Lot. 1 Mof. 13, 1—12. David gegen Saul und Simei. 1 Sam. 24, 26. — 2 Sam. 19, 18—23. Joseph gegen seine Brüder. 1 Mof. 50, 15—21. Jesus. Luc. 23, 34.

Das sechste Gebot.

Du sollst nicht ehebrechen.

Was ist das?

Wir sollen Gott fürchten und lieben, daß wir keusch und züchtig leben in Worten und Werken, und ein jeglicher sein Gemahl lieben und ehren.

83. Was ist im sechsten Gebot verboten?

Der Ehebruch.

84. Was ist die Ehe?

Der von Gott gestiftete Bund zwischen Mann und Weib zu gegenseitiger Liebe und Treue bis in den Tod.

71. (106) 1 Mos. 2, 18. Gott sprach: Es ist nicht gut, daß der Mensch allein sei; ich will ihm eine Gehilfin machen, die um ihn sei.

72. (107) Matth. 19, 6. Was Gott zusammengefüget hat, das soll der Mensch nicht scheiden.

85. Wie beginnt ein Christ seine Ehe?

Mit Anrufung Gottes und mit dem Segen seiner Kirche.

86. Was heißt die Ehe brechen?

Den geschlossenen Bund treulos zerreißen.

87. Aus was für einem Herzen stammt der Ehebruch?

Aus einem unreinen und unkeuschen Herzen.

73. (93) Matth. 5, 27—28. Ihr habt gehört, daß zu den Alten gesagt ist: Du sollst nicht ehebrechen. Ich aber sage euch: Wer ein Weib ansiehet, ihrer zu begehren, der hat schon mit ihr die Ehe gebrochen in seinem Herzen.

88. Was ist also im sechsten Gebot geboten?

Daß wir keusch und züchtig leben in Worten und Werken.

89. Wer lebt keusch?

Wer sein Herz bewahrt in Heiligung und Ehren.

74. (96) Phil. 4, 8. Was wahrhaftig ist, was ehrbar, was gerecht, was keusch, was lieblich, was wohl lautet, ist etwa eine Tugend, ist etwa ein Lob, dem denket nach.

† 75. (97) Matth. 5, 8. Selig sind, die reines Herzens sind; denn sie werden Gott schauen.

† 76. (98) Pf. 51, 12. Schaffe in mir, Gott, ein reines Herz, und gib mir einen neuen, gewissen Geist.

77. (99) Pf. 63, 7. Wenn ich mich zu Bette lege, so denke ich an dich; wenn ich erwache, so rede ich von dir.

90. Wer lebt züchtig?

Wer auch seinen Leib rein hält und in Gebärden anständig ist.

* 78. (95) 1 Cor. 6, 19—20. Wisset ihr nicht, daß euer Leib ein Tempel des heiligen Geistes ist, der in euch ist, welchen ihr habt von Gott, und seid nicht euer selbst? Denn ihr seid teuer erkauft; darum so preiset Gott an eurem Leibe und in eurem Geiste, welche sind Gottes. 1 Cor. 3, 17.

79. (100) Eph. 4, 29. Lasset kein faul Geschwätz aus eurem Munde gehen, sondern was nützlich zur Besserung ist, da es not thut, daß es holdselig sei zu hören. Eph. 5, 4.

† 80. (101) 1 Cor. 15, 33. Lasset euch nicht verführen. Böse Geschwätze verderben gute Sitten.

81. (103) 2. Tim 2, 22. Fliehe die Lüste der Jugend; jage aber nach der Gerechtigkeit, dem Glauben, der Liebe, dem Frieden mit allen, die den Herrn anrufen von reinem Herzen.

† 82. (105) Spr. 1, 10. Mein Kind, wenn dich die bösen Buben locken, so folge nicht. 2 Tim. 3, 13.

91. Was ist besonders den Eheleuten geboten?

Daß ein jeglicher sein Gemahl liebe und ehre.

83. (108) Eph. 5, 25. Ihr Männer liebet eure

Weiber, gleichwie Christus auch geliebet hat die Ge=
meine, und hat sich selbst für sie gegeben. Col. 3, 19.

*84. (109) Eph. 5, 22—24. Die Weiber seien unter=
than ihren Männern, als dem Herrn. Denn der
Mann ist des Weibes Haupt, gleichwie auch Christus
das Haupt ist der Gemeine, und er ist seines Leibes
Heiland. Aber wie nun die Gemeine ist Christo unter=
than, also auch die Weiber ihren Männern, in allen
Dingen. 1 Petr. 3, 1—5.

Das siebente Gebot.
Du sollst nicht stehlen.
Was ist das?

Wir sollen Gott fürchten und lieben, daß wir
unsers Nächsten Geld oder Gut nicht nehmen, noch
mit falscher Ware oder Handel an uns bringen;
sondern ihm sein Gut und Nahrung helfen bessern
und behüten.

92. Was ist im siebenten Gebot verboten?
Das Stehlen.

85. (112) Eph. 4, 28. Wer gestohlen hat, der stehle
nicht mehr, sondern arbeite, und schaffe mit den Hän=
den etwas gutes, auf daß er habe, zu geben dem Dürftigen.

93. Was heißt stehlen?

Mit Unrecht nehmen, entweder durch List oder durch
Gewalt.

94. Wer ist so viel wie der Stehler?

Der Hehler, der zum Diebstahl behilflich ist.

86. (113) Spr. 29, 24. Wer mit Dieben teil hat und
saget es nicht an, der hasset sein Leben.

95. Was ist dem Diebstahl gleich zu achten?

Der Betrug.

96. Mit was kann man betrügen?

Mit falscher Ware, oder falschem Handel.

97. Wie betrügt man mit falscher Ware?

Wenn man schlechte Ware für gute gibt.

87. (114) 1 Theff. 4, 6. Das ist der Wille Gottes, daß niemand zu weit greife, noch vervorteile seinen Bruder im Handel; denn der Herr ist Rächer über das alles. 3 Mof. 25, 1.

98. Was ist falscher Handel?

Jede Unredlichkeit im Verkehr mit dem Nächsten.

88. (117) Jer. 22, 13. Wehe dem, der sein Haus mit Sünden bauet, und seine Gemache mit Unrecht, der seinen Nächsten umsonst arbeiten lässet, und gibt ihm seinen Lohn nicht. Jac. 5, 4. 5 Mof. 24, 14—15.

89. (118) Tit. 2, 10. Den Knechten gebiete, daß sie nicht veruntreuen, sondern alle gute Treue erzeigen, auf daß sie die Lehre Gottes, unsers Heilandes, zieren in allen Stücken.

90. (119) Pf. 37, 21. Der Gottlose borget, und bezahlet nicht; der Gerechte aber ist barmherzig und milde.

Beispiel: Der ungerechte Haushalter. Luc. 16, 1—9.

99. Wodurch gerät man auf solche Wege?

Durch Trachten nach Reichtum, durch ungläubiges Sorgen, durch Geiz, durch Müssiggang, durch Verschwendung.

† 91. (120) Spr. 28, 19. Wer seinen Acker bauet, wird Brots genug haben; wer aber Müssiggang nachgehet, wird Armut genug haben. Spr. 10, 4. 2 Theff. 3, 11—12.

92. (121) Spr. 13, 11. Reichtum wird wenig, wo man es vergeudet; was man aber zusammenhält, das wird groß. Spr. 23, 20—21. Luc. 15, 30.

* 93. (122) 1 Tim. 6, 9—10. Die da reich werden wollen, die fallen in Versuchung und Stricke und viele thörichte und schädliche Lüste, welche versenken die Menschen ins Verderben und Verdammnis. Denn Geiz ist eine Wurzel alles Übels.

94. (123) Matth. 6, 31—32. Ihr sollt nicht sorgen und sagen: Was werden wir essen? Was werden wir trinken? Womit werden wir uns kleiden? Nach solchem

allen trachten die Heiden. Denn euer himmlischer Vater weiß, daß ihr des alles bedürfet.

100. Was ist dagegen geboten?

Daß wir ihm sein Gut und Nahrung helfen bessern und behüten.

101. Woburch geschieht das?

Durch Dienstfertigkeit und Wohlthätigkeit.

95. (124) 1 Petr. 4, 10. Dienet einander, ein jeglicher mit der Gabe, die er empfangen hat, als die guten Haushalter der mancherlei Gnaden Gottes.

96. (125) Jef. 58, 7. Brich dem Hungrigen dein Brot, und die, so im Elend sind, führe in das Haus; so du einen nackt siehest, so kleide ihn, und entzeuch dich nicht von deinem Fleisch. 5 Mof. 15, 4—8, 11.

† 97. (127) Hebr. 13, 16. Wohlzuthun und mitzuteilen vergesset nicht; denn solche Opfer gefallen Gott wohl. Luc. 6, 35.

102. Welche Gesinnung gehört dazu?

Die Uneigennützigkeit.

† 98. (128) 2 Cor. 9, 7. Einen fröhlichen Geber hat Gott lieb.

Beispiele: Das Scherflein der Witwe, Marc. 12, 41—44, der barmherzige Samariter. Luc. 10.

103. Wie allein sind wir imstande, andern zu helfen?

Wenn wir im Vertrauen auf Gott fleißig, sparsam und genügsam sind.

† 99. (129) Joh. 6, 12. Sammlet die übrigen Brocken, daß nichts umkomme.

100. (130) Hebr. 13, 5. Lasset euch begnügen an dem, das da ist; denn er hat gesagt: Ich will dich nicht verlassen, noch versäumen. 1 Tim. 6, 6—8.

* 101. (131) 1 Tim. 6, 17. Den Reichen von dieser Welt gebeut, daß sie nicht stolz seien, auch nicht hoffen auf den ungewissen Reichtum, sondern auf den lebendigen Gott, der uns dargibt reichlich allerlei zu genießen. Pf. 62, 11. Marc. 10, 24.

Das achte Gebot.

Du sollst nicht falsch Zeugnis reden wider deinen Nächsten.

Was ist das?

Wir sollen Gott fürchten und lieben, daß wir unsern Nächsten nicht fälschlich belügen, verraten, afterreden oder bösen Leumund machen; sondern ihn entschuldigen, Gutes von ihm reden, und alles zum besten kehren.

104. Was ist im achten Gebot verboten?

Das falsche Zeugnis.

102. (134) Spr. 19, 5. Ein falscher Zeuge bleibet nicht ungestraft; und wer Lügen frech redet, wird nicht entrinnen. 2 Mos. 23, 1. Spr. 21, 28. Matth. 26, 59.

105. Was heißt Zeugnis geben?

Über jemand etwas aussagen.

106. Wo kann man das thun?

Vor Gericht und im gewöhnlichen Leben.

107. Was heißt fälschlich belügen?

Wissentlich die Unwahrheit sagen.

† 103. (132) Eph. 4, 25. Leget die Lügen ab, und redet die Wahrheit, ein jeglicher mit seinem Nächsten.

108. Was heißt verraten?

Des Nächsten Heimlichkeit böswillig offenbaren.

104. (135) Spr. 11, 13. Ein Verläumder verrät, was er heimlich weiß; aber wer eines getreuen Herzens ist, verbirgt dasselbe. Spr. 20, 19. 3 Mos. 5, 1.

Beispiele: Der Edomiter Doeg, 1 Sam. 22. 9. Ps. 52. Judas Ischarioth.

109. Was heißt afterreden?

Hinter dem Rücken Böses nachreden.

110. Was heißt bösen Leumund machen?

In schlechten Ruf bringen.

105. (137) Matth. 7, 1—2. Richtet nicht, auf daß ihr nicht gerichtet werdet. Denn mit welcherlei Gericht

ihr richtet, werdet ihr gerichtet werden; und mit welcherlei Maß ihr messet, wird euch gemessen werden. Matth. 7, 3—5.

111. Welche Gesinnung ist also verboten?

Die Falschheit.

112. Was wird uns dagegen geboten?

Daß wir den Nächsten entschuldigen, Gutes von ihm reden und alles zum besten kehren.

113. Was heißt ihn entschuldigen?

Für ihn einstehen, wenn er ungerecht beschuldigt wird.

106. (139) Spr. 31, 8. Thue deinen Mund auf für die Stummen, und für die Sache aller, die verlassen sind.

114. Was heißt Gutes von ihm reden?

Die guten Seiten an ihm anerkennen und hervorheben.

115. Was heißt alles zum Besten kehren?

In zweifelhaften Fällen alles zum guten auslegen.

107. (140) Spr. 10, 12. Haß erreget Hader, aber Liebe decket zu alle Übertretungen. 1 Petr. 4, 8.

116. Was wird uns damit eingeschärft?

Die Aufrichtigkeit, daß all unser Reden in der Wahrheit und in der Liebe geschehe. (Wahrheit in Liebe!)

† 108. (141) 1 Chron. 30, 17. Ich weiß, mein Gott, daß du das Herz prüfest, und Aufrichtigkeit ist dir angenehm. Pred. 7, 30.

Beispiele: Jonathan. 1. Sam. 19, 1—7. 20, 17—33. Barnabas. Apstg. 9, 27.

Das neunte Gebot.

Du sollst dich nicht lassen gelüsten deines Nächsten Haus.

Wir follen Gott fürchten und lieben, daß wir unferm Nächften nicht mit Lift nach feinem Erbe oder Haufe ftehen, noch mit einem Schein des Rechten an uns bringen; fondern ihm dasfelbige zu behalten förderlich und dienftlich fein.

117. Was ift im neunten Gebot verboten?

Das Gelüften nach des Nächften Haus und Erbe.

118. Wozu führt folches Gelüften?

Dazu, daß man mit Lift nach des Nächften Erbe oder Haufe trachtet.

119. Wie fucht der Liftige zum Ziele zu gelangen?

Dadurch, daß er Schleichwege einfchlägt.

120. Wann hat er's am liftigften angeftellt?

Wenn er den Schein des Rechten für fich hat, fo daß es ausfieht, als ob er nur fein Recht verfolge.

121. Was ift dagegen geboten?

Dem Nächften mit Rat und That beizuftehen, daß er das Seine behält.

Das zehnte Gebot.

Du follft dich nicht laffen gelüften deines Nächften Weib, Knecht, Magd, Vieh oder alles, was fein ift.

Was ift das?

Wir follen Gott fürchten und lieben, daß wir unferm Nächften fein Weib, Gefinde oder Vieh nicht abfpannen, abbringen, oder abwendig machen; fondern diefelbigen anhalten, daß fie bleiben und thun, was fie fchuldig find.

122. Welches Gelüften ift im zehnten Gebot verboten?

Das Gelüften nach dem, was der Nächfte in feinem Haufe hat: nach feinem Weibe, feinem Gefinde oder Dienftboten, und feinem Vieh.

123. Was heißt sie ihm abspannen und abbringen?

So lange in ihn dringen, bis er sie hergibt.

124. Was heißt sie ihm abwendig machen?

Machen, daß sie das Herz von ihm wenden.

125. Was ist dagegen geboten?

Daß wir sie zur Treue anhalten.

---

126 Was wird in den beiden letzten Geboten von uns verlangt?

Wir sollen die böse Lust nicht aufkommen lassen.

127. Was heißt sie nicht aufkommen lassen?

Ihr den Willen nicht lassen, sondern gegen sie kämpfen.

128. Wie allein können wir sie überwinden?

Nur dann, wenn unsere Furcht und Liebe Gottes mächtiger ist, als die böse Lust.

* 109. (146) 1 Joh. 2, 15—17. Habt nicht lieb die Welt, noch was in der Welt ist. So jemand die Welt lieb hat, in dem ist nicht die Liebe des Vaters; denn alles, was in der Welt ist, nämlich: des Fleisches Lust und der Augen Lust und hoffärtiges Leben, ist nicht vom Vater, sondern von der Welt. Und die Welt vergehet mit ihrer Lust; wer aber den Willen Gottes thut, der bleibet in Ewigkeit.

110. (147) Gal. 5, 24. Welche Christo angehören, die kreuzigen ihr Fleisch samt den Lüsten und Begierden.

129. Ist das bei uns allezeit so gewesen?

Nimmermehr, und wird auch nicht allezeit werden, wie ernstlich wir es uns vornehmen.

130. Können wir nun die Gebote Gottes halten?

Dem Buchstaben nach mit dem äußerlichen Werk, aber nicht dem Sinn und Geiste nach mit dem Herzen.

† 111. (149) 3 Mof. 19, 2. Ihr sollt heilig sein, denn ich bin heilig, der Herr, euer Gott. 1 Petr. 1, 15—16.

131. Aber vielleicht nimmt es Gott nicht so genau mit dem Halten seiner Gebote?

Er nimmt es sehr genau damit, das sagt uns der Schluß der Gebote.

Schluß der Gebote.

Er sagt also: Ich, der HErr dein Gott, bin ein eifriger Gott, der über die, so mich hassen, die Sünde der Väter heimsucht an den Kindern bis ins dritte und vierte Glied; aber denen, so mich lieben und meine Gebote halten, denen thue ich wohl bis in tausend Glied.

Was ist das?

Gott bräuet zu strafen alle, die diese Gebote übertreten. Darum sollen wir uns fürchten vor seinem Zorn, und nicht wider solche Gebote thun. Er verheißet aber Gnade und alles gute allen, die solche Gebote halten. Darum sollen wir ihn auch lieben und vertrauen, und gerne thun nach seinen Geboten.

132. Warum heißt Gott ein eifriger Gott?

Weil es ihm heiliger Ernst ist mit seinen Geboten.

112. (151) 5 Mof. 27, 26. Verflucht sei, wer nicht alle Worte dieses Gesetzes erfüllet, daß er darnach thue. Und alles Volk soll sagen: Amen. Pf. 28, 15.

133. Was thut er deshalb?

Er sucht die Sünde der Väter heim.

134. Was heißt die Sünde heimsuchen?

Der Sünde strafend nachgehen.

113. (153) Spr. 14, 34. Gerechtigkeit erhöhet ein Volk; aber die Sünde ist der Leute Verderben. Spr. 22, 8.

*114. (154) Jer. 2, 19. Es ist deiner Bosheit Schuld, daß du so gestäupet wirst, und deines Ungehorsams, daß du so gestraft wirst. Also mußt du inne werden und erfahren, was es für Jammer und Herzeleid bringet, den Herrn, deinen Gott, verlassen, und ihn nicht fürchten, spricht der Herr Herr Zebaoth. Jes. 57, 20—21.

115. (155) Röm. 6, 23. Der Tod ist der Sünde Sold; aber die Gabe Gottes ist das ewige Leben in Christo Jesu, unserm Herrn. Off. Joh. 21, 8.

† 116. (157) Gal. 6, 7. Irret euch nicht; Gott läßt sich nicht spotten. Denn was der Mensch säet, das wird er ernten.

Beispiele: Sintflut. 1 Mos. 7 und 8. Sodom und Gomorra. 1 Mos. 19, 24—25. Zerstörung Jerusalems. Luc. 19, 41—44.

135. Bis wohin geht er ihr nach?

Bis ins dritte und vierte Glied oder Geschlecht.

136. Was verheißt er dagegen denen, die seine Gebote halten?

Gnade und Segen.

117. (158) Pf. 5, 13. Du, Herr, segnest die Gerechten; du krönest sie mit Gnade, wie mit einem Schilde.

† 118. (161) 1 Tim. 4, 8. Die Gottseligkeit ist zu allen Dingen nütze, und hat die Verheißung dieses und des zukünftigen Lebens. Jes. 48, 18. 22. Spr. 3, 13—18.

119. (163) Pf. 119, 9. Wie wird ein Jüngling seinen Weg unsträflich gehen? Wenn er sich hält nach deinen Worten.

137. Wie lange will er ihnen wohlthun?

Bis ins tausendste Glied oder Geschlecht.

138. Was enthält also der Schluß der Gebote?

1) Eine Drohung, d. h. die Ankündigung seiner

4

Strafe; und 2) eine Verheißung, d. h. die Ankündi=
gung seiner Gnade.

**139. Wie verhält sich aber seine Drohung zu seiner Ver=
heißung?**

Er thut viel lieber wohl, als er straft und heim=
sucht.

140. Warum ist uns gleichwohl damit nicht geholfen?

Weil wir seine Gebote allezeit manchfach übertre=
ten und deshalb seinen Zorn zu fürchten haben.

141. Was ist der Zorn Gottes?

Der Eifer seiner Heiligkeit gegen die Sünde.

142. Was hast du nun bisher erkannt?

1) Daß wir die Gebote Gottes aus eigener Kraft
nicht halten können, 2) daß es Gott mit dem Halten
seiner Gebote sehr genau nimmt.

143. Wozu kann uns also das Gesetz nicht dienen?

Nicht dazu, daß wir durch dasselbe selig werden;
vielmehr kommt durchs Gesetz Erkenntnis der Sünde.
(Röm. 3, 20.)

120. (165) Gal. 3, 11. Daß aber durchs Gesetz nie=
mand gerecht wird vor Gott, ist offenbar; denn der Ge=
rechte wird seines Glaubens leben. Röm. 3, 28.

Zweites Hauptstück.
Das christliche Glaubensbekenntnis.
Einleitung.

144. Was ist der Glaube?

Nicht ein bloßes Meinen oder Fürwahrhalten, son=
dern eine gewisse Zuversicht — auf Gottes Gnade.

121. (166) Hebr. 11, 1. Es ist aber der Glaube eine
gewisse Zuversicht des, das man hoffet, und nicht

zweifelt an dem, das man nicht siehet. Joh. 20, 29. Hebr. 11, 8. 27.

145. Was ist diesem Glauben verheißen?

Daß wir durch ihn selig werden sollen.

122. (169) 1 Joh. 5, 4. Alles, was von Gott geboren ist, überwindet die Welt; und unser Glaube ist der Sieg, der die Welt überwunden hat.

123. (170) Apstg. 16, 31. Glaube an den Herrn Jesum Christum, so wirst du und dein Haus selig. Joh. 3, 16.

146. Woher kommt solcher Glaube?

Nicht aus uns, sondern durch das Wort Gottes.

124. (171) Röm. 10, 17. Der Glaube kommt aus der Predigt, das Predigen aber durch das Wort Gottes. Joh. 17, 20.

147. Was heißt bekennen?

Den Glauben, der im Herzen verborgen ist, auch mit dem Munde aussprechen.

125. (52) Matth. 10, 32—33. Wer mich bekennet vor den Menschen, den will ich auch bekennen vor meinem himmlischen Vater. Wer mich aber verleugnet vor den Menschen, den will ich auch verleugnen vor meinem himmlischen Vater. Röm. 10, 9—10.

148. Wo finden wir den kurzen Inbegriff dessen, was wir glauben?

Im christlichen Glaubensbekenntnis, welches aus der Zeit der heiligen Apostel stammt und darum auch das apostolische heißt.

149. Welche Bedeutung hat dieses Bekenntnis für uns Christen?

Es einigt uns unter einander und scheidet uns von den Nichtchristen.

150. Von welchen Religionen scheidet es uns?

Von der jüdischen, der muhamedanischen und den heidnischen Religionen.

151. Wovon handelt das christliche Glaubensbekenntnis?

Es handelt in drei Artikeln von der Schöpfung, der Erlösung und der Heiligung.

4*

152. Wem schreibt unser Glaube diese Werke zu?

Die Schöpfung Gott dem Vater, die Erlösung Gott dem Sohne, die Heiligung Gott dem heiligen Geiste.

153. Wie hat sich demnach Gott dem Glauben geoffenbart?

In drei Personen, aber als ein einiges göttliches Wesen, weshalb wir ihn den dreieinigen Gott nennen.

126. (212) 5 Mof. 6, 4. Höre, Israel, der Herr unser Gott ist ein einiger Herr.

127. (213) Jef. 44, 6. Ich bin der erste, und bin der letzte, und außer mir ist kein Gott. Jef. 45, 5. 1 Tim. 2, 5. 1 Cor. 8, 5—6.

† 128. (214) Matth. 28, 19. Gehet hin und lehret alle Völker, und taufet sie im Namen des Vaters und des Sohnes und des heiligen Geistes, und lehret sie halten alles, was ich euch befohlen habe. Marc. 16, 15.

† 129. (215) 2 Cor. 13, 13. Die Gnade unsers Herrn Jesu Christi, und die Liebe Gottes, und die Gemeinschaft des heiligen Geistes sei mit euch allen. 1 Joh. 5, 7.

154. Wo hat sich Gott auch dem natürlichen Menschen bezeugt?

In den Werken der Natur und in der Stimme des Gewissens.

130. (174) Pf. 19, 2—4. Die Himmel erzählen die Ehre Gottes, und die Feste verkündiget seiner Hände Werk. Ein Tag sagts dem andern, und eine Nacht thuts kund der andern. Es ist keine Sprache noch Rede, da man nicht ihre Stimme höre.

155. Warum reicht aber diese natürliche Gotteserkenntnis nicht aus?

Weil sie durch die Sünde verdunkelt und kraftlos geworden ist.

131. (176) Joh. 1, 18. Niemand hat Gott je gesehen, der eingeborne Sohn, der in des Vaters Schoß ist, der hat es uns verkündiget. 1 Joh. 5, 20.

156. Was ist Gott nach seinem Wesen?

Ein Geist, und zwar der unerschaffene Geist.

† 132. (177) Joh. 4, 24. Gott ist ein Geist, und die ihn anbeten, die müssen ihn im Geist und in der Wahrheit anbeten.

157. Welche Eigenschaften hat Gott, weil er unerschaffen ist?

Er ist ewig und unveränderlich:
ewig, weil er keinen Anfang und kein Ende hat;

133. (179) Pf. 90, 2. Herr Gott, du bist unsere Zuflucht für und für. Ehe denn die Berge worden, und die Erde und die Welt geschaffen worden, bist du, Gott, von Ewigkeit zu Ewigkeit.

unveränderlich, weil er nicht alt wird, sondern bleibet, wie er ist.

134. (181) Jac. 1, 17. Alle gute Gabe und alle vollkommene Gabe kommt von oben herab, von dem Vater des Lichts, bei welchem ist keine Veränderung noch Wechsel des Lichts und der Finsternis. Jes. 41, 4. Off. Joh. 1, 8. 1 Joh. 2, 17.

158. Welche Eigenschaften leuchten aus der Schöpfung und Regierung der Welt hervor?

Daß er allmächtig, allwissend, allgegenwärtig, allweise, allgütig ist:

allmächtig, weil er alles kann, was er will;

† 135. (190) 1 Mof. 17, 1. Ich bin der allmächtige Gott; wandle vor mir und sei fromm.

† 136. (191) Pf. 115, 3. Unser Gott ist im Himmel; er kann schaffen, was er will. Pf. 135, c.

† 137. (192) Luc. 1, 37. Bei Gott ist kein Ding unmöglich. Hiob 42, 2. Luc. 18, 27.

† 138. (193) Pf. 33, 9. So er spricht, so geschiehts; so er gebeut, so stehts da.

139. (194) Eph. 3, 20. Er kann überschwenglich thun über alles, das wir bitten oder verstehen, nach der Kraft, die da in uns wirket. Pf. 77, 11.

allwissend, weil er alles weiß;

† 140. (182) Pf. 94, 9. Der das Ohr gepflanzet hat, sollte der nicht hören? Der das Auge gemacht hat, sollte der nicht sehen? Hebr. 4. 13.

141. (183) Pf. 139, 1—4. Herr, du erforschest mich, und kennest mich. Ich sitze oder stehe auf, so weißt du es; du verstehest meine Gedanken von ferne. Ich gehe oder liege, so bist du um mich, und siehest alle meine Wege. Denn siehe, es ist kein Wort auf meiner Zunge, das du, Herr, nicht alles wissest. Hiob 34, 21—22.

allgegenwärtig, weil er jederzeit überall ist;

142. (185) Pf. 139, 7—10. Wo soll ich hingehen vor deinem Geist? Und wo soll ich hinfliehen vor deinem Angesicht? Führe ich gen Himmel, so bist du da; bettete ich mir in die Hölle, siehe, so bist du auch da. Nähme ich Flügel der Morgenröte, und bliebe am äußersten Meer, so würde mich doch deine Hand daselbst führen, und deine Rechte mich halten.

† 143. (187) Pf. 23, 4. Ob ich schon wanderte im finstern Thal, fürchte ich kein Unglück; denn du bist bei mir; dein Stecken und Stab trösten mich.

allweise, weil er alles aufs beste ordnet;

144. (188) Pf. 104, 24. Herr, wie sind deine Werke so groß und viel! Du hast sie alle weislich geordnet, und die Erde ist voll deiner Güter. Spr. 3, 19.

145. (189) Röm. 11, 33. O welch eine Tiefe des Reichtums, beides der Weisheit und Erkenntnis Gottes! Wie gar unbegreiflich sind seine Gerichte, und unerforschlich seine Wege! Jes. 28, 29. Pf. 37, 5.

allgütig, weil er alles Gute gibt;

† 146. (208) Pf. 36, 6. Herr, deine Güte reichet so weit der Himmel ist, und deine Wahrheit, so weit die Wolken gehen.

159. Wie erweist er sich an der Sünde, die in der Welt ist?

Als heilig und gerecht:

heilig, weil er abgesondert ist von der Welt und aller Sünde feind;

† 147. (197) Jes. 6, 3. Heilig, heilig, heilig ist der Herr Zebaoth; alle Lande sind seiner Ehre voll. Off. Joh. 4. 8.

148. (198) Pf. 145, 17. Der Herr ist gerecht in allen seinen Wegen, und heilig in allen seinen Werken.

*149 (200) Pf. 5, 5—7. Du bist nicht ein Gott, dem gottloses Wesen gefällt; wer böse ist, bleibet nicht vor dir. Die Ruhmredigen bestehen nicht vor deinen Augen; du bist feind allen Übelthätern. Du bringest die Lügner um; der Herr hat Greuel an den Blutgierigen und Falschen. 1 Petr. 1, 15—16.

gerecht, weil er das Böse bestraft und das Gute belohnt;

150. (201) Pf. 11, 7. Der Herr ist gerecht, und hat Gerechtigkeit lieb.

151. (203) Hiob 34. 11. Gott vergilt dem Menschen darnach er verdient hat, und trifft einen jeglichen nach seinem Thun.

152. (205) Röm. 2, 11. Vor Gott ist kein Ansehen der Person. 1 Petr. 1, 17.

aber auch als die Liebe, die da ist barm= herzig, gnädig, geduldig und langmütig, treu;

† 153. (206) 1 Joh. 4, 16. Gott ist die Liebe; und wer in der Liebe bleibet, der bleibet in Gott, und Gott in ihm.

barmherzig, weil er sich des Elenden annimmt; gnädig, weil er auch dem Sünder vergibt;

*154. (209) Pf. 103, 8—10, 13. Barmherzig und gnädig ist der Herr, geduldig und von großer Güte. Er wird nicht immer habern, noch ewiglich Zorn halten. Er handelt nicht mit uns nach unsern Sünden, und ver= gilt uns nicht nach unserer Missethat. — Wie sich ein Vater über Kinder erbarmet, so erbarmet sich der Herr über die, so ihn fürchten. Mich. 7, 18—19. Jef. 55, 7. Pf. 130, 7.

gebuldig und langmütig, weil er mit der Strafe wartet, daß der Sünder Raum zur Besserung habe;

155. (210) Röm. 2, 4. Verachteft du den Reichtum seiner Güte, Gebuld und Langmütigkeit? Weißt du nicht, daß dich Gottes Güte zur Buße leitet?

treu, weil er in seiner Liebe sich gleich bleibt.

*156 (211) Klagl. Jer. 3, 22—23. Die Güte des Herrn ist es, daß wir nicht gar aus sind; seine Barmherzigkeit hat noch kein Ende; sondern sie ist alle Morgen neu, und deine Treue ist groß. Pf. 86, 15.

160. Wie steht Gott zu seinem Worte?

Er ist wahrhaftig, das heißt: er hält, was er zusagt.

† 157. (195) Pf. 33, 4. Des Herrn Wort ist wahrhaftig, und was er zusagt, das hält er gewiß.

Erster Artikel.

Von der Schöpfung.

Ich glaube an Gott den Vater, allmächtigen Schöpfer Himmels und der Erde.

Was ist das?

Ich glaube, daß mich Gott geschaffen hat samt allen Kreaturen, mir Leib und Seele, Augen, Ohren und alle Glieder, Vernunft und alle Sinne gegeben hat, und noch erhält; dazu Kleider und Schuh, Essen und Trinken, Haus und Hof, Weib und Kind, Äcker, Vieh und alle Güter, mit aller Notdurft und Nahrung des Leibes und Lebens reichlich und täglich versorget; wider alle Fährlichkeit beschirmet, und vor allem Übel behütet und bewahret; und das alles aus lauter väterlicher, göttlicher Güte und Barmherzigkeit, ohne alle mein Verdienst und Würdigkeit; das alles ich ihm zu danken und zu loben, und dafür zu dienen und gehorsam zu sein schuldig bin. Das ist gewißlich wahr.

161. Wer ist der Schöpfer der Welt?

Gott, der Vater unseres HErrn JEsu Christi.

158. (217) 2 Cor. 1, 3. Gelobet sei Gott und der Vater unsers Herrn Jesu Christi, der Vater der Barmherzigkeit und Gott alles Trostes. Eph. 1, 3. Petr. 1, 3.

162. Was braucht der Mensch, um etwas hervorzubringen?

Stoff und Werkzeug.

163. Wodurch hat Gott sein Schöpferwerk hervorgebracht?

Bloß durch sein Wort.

159. (220) Hebr. 11, 3. Durch den Glauben merken wir, daß die Welt durch Gottes Wort fertig ist, daß alles, was man siehet, aus nichts geworden ist.

160. (221) Röm. 11, 36. Von ihm und durch ihn und zu ihm sind alle Dinge. Ihm sei Ehre in Ewigkeit.

164. Was hat er so geschaffen?

Himmel und Erde, das ist: die Welt.

† 161. (228) 1 Mos. 1, 1. Am Anfang schuf Gott Himmel und Erde.

165. Wie war diese Welt beschaffen?

Es war alles sehr gut, so daß Gottes Wohlgefallen auf ihr ruhte.

† 162. (219) 1 Mos. 1, 31. Und Gott sahe an alles, was er gemacht hatte, und siehe da, es war sehr gut.

166. Auf wen hat es Gott bei der Schöpfung abgesehen?

Auf den Menschen, dem er die Erde als Wohnung zubereitet hat.

167. Nach was ist er geschaffen?

Nach Gottes Bilde, so daß er Gott ähnlich war.

† 163. (224) 1 Mos. 1, 27. Gott schuf den Menschen ihm zum Bilde, zum Bilde Gottes schuf er ihn. 1 Mos. 5, 1. Eph. 4, 24.

168. Was heißt das?

Er konnte denken und wollen, und sein Denken und Wollen war auf Gott gerichtet; und sein Leib war gesund und mußte nicht sterben.

169. Und welche Bestimmung hat er erhalten?

Daß er herrsche über die Erde, wie Gott über ihn und die ganze Welt.

170 Was ist dem Menschen vom Bilde Gottes geblieben?

Er kann noch denken und wollen; aber sein Denken und Wollen ist unheilig, und sein Leib ist der Krankheit und dem Tode unterworfen.

171. Wodurch ist es zu dieser schrecklichen Verkehrung gekommen?

Durch die Sünde der ersten Menschen Adam und Eva.

172. Worin bestand dieselbe?

In der Übertretung des göttlichen Gebotes.

173. Wie sind sie in diese Sünde gefallen?

Durch Betrug des Teufels, welcher Hochmut und Weltlust in ihnen erregt hat.

174. Wer ist der Teufel?

Der Teufel, auch Satan genannt, ist ein mächtiger Geist, der nicht in seiner ursprünglichen Heiligkeit geblieben ist.

* 164. (232) Joh. 8, 44. Der Teufel ist ein Mörder von Anfang, und ist nicht bestanden in der Wahrheit; denn die Wahrheit ist nicht in ihm. Wenn er

die Lügen redet, so redet er von seinem Eigenen; denn er ist ein Lügner, und ein Vater derselben.

165. (233) Jac. 4, 7. Widerstehet dem Teufel, so fliehet er von euch.

175. Steht er allein?

Nein, er herrscht über viele abgefallene Geister, weshalb er auch der Fürst der Finsterniß heißt.

176. Wie ist jener sündige Zustand auch auf uns übergegangen?

Er hat sich von den ersten Menschen auf alle Nachkommen vererbt, weshalb er Erbsünde genannt wird.

† 166. (142) 1 Mos. 8, 21. Das Dichten des menschlichen Herzens ist böse von Jugend auf. 1 Mos. 6, 3, 5.

167. (226) Ps. 14, 3. Sie sind alle abgewichen, und allesamt untüchtig; da ist keiner, der Gutes thue, auch nicht einer. Hiob 14, 4. 15, 14. Joh. 3, 6. Röm. 3, 9—23. 7, 18—24.

177. Wie ist deshalb der Mensch von Natur?

Ohne wahre Furcht und Liebe Gottes, dagegen behaftet mit einem Trieb und Hang zum Bösen.

*168. (143) Röm. 7, 18—19. Ich weiß, daß in mir, das ist: in meinem Fleische, wohnet nichts Gutes. Wollen habe ich wohl; aber vollbringen das Gute finde ich nicht. Denn das Gute, das ich will, thue ich nicht; sondern das Böse, das ich nicht will, das thue ich. Röm. 7, 20— 23. Joh. 3, 6.

169. (145) Matth. 15, 19. Aus dem Herzen kommen arge Gedanken, Mord, Ehebruch, Hurerei, Dieberei, falsche Zeugnisse, Lästerung. Marc. 7, 21—23. Gal. 5, 19—21.

*170 (144) Jac. 1, 14—15. Ein jeglicher wird versucht, wenn er von seiner eigenen Lust gereizet und gelocket wird. Darnach, wenn die Lust empfangen hat, gebieret sie die Sünde; die Sünde aber, wenn sie vollendet ist, gebieret sie den Tod.

178. Was ist mit der Sünde als ihre Folge und Strafe in die Welt gekommen?

Alles Elend und zuletzt der Tod, der da ist ein geistlicher, leiblicher und ewiger Tod.

*171. (225) Röm. 5, 12. Durch Einen Menschen ist die Sünde kommen in die Welt, und der Tod durch die Sünde, und ist also der Tod zu allen Menschen durchgedrungen, dieweil sie alle gesündiget haben. 1. Mos. 2, 16—17. 1. Mos. 3, 4—6.

179. Was thut Gott trotz der Sünde an der Welt?

Er erhält sie, d. h. er macht, daß sie fortbesteht und sich fort und fort aus sich erneuert.

† 172. (236) 1. Mos. 8, 22. So lange die Erde stehet, soll nicht aufhören Samen und Ernte, Frost und Hitze, Sommer und Winter, Tag und Nacht.

173. (237) Ps. 145, 15—16. Aller Augen warten auf dich, und du gibst ihnen ihre Speise zu seiner Zeit. Du thust deine Hand auf, und erfüllest alles, was lebet, mit Wohlgefallen.

180. Wodurch erhält er die Welt?

Durch die Naturgesetze oder die Ordnung der Natur.

181. Ist Gott aber an diese Naturgesetze gebunden?

Nein, sondern er kann auch Wunder thun, weil er der lebendige Gott ist.

182. Was ist ein Wunder?

Eine That der Allmacht Gottes, welche um eines höheren Zweckes willen den gewöhnlichen Lauf der Natur durchbricht.

183. Wie zeigt sich Gott allezeit als den Herrn der Welt?

Er regiert sie, d. h. er lenkt alles, selbst das Böse so, daß es seinem Willen dienen muß.

† 174. (244) Röm. 8, 28. Wir wissen, daß denen, die Gott lieben, alle Dinge zum besten dienen.

Beispiele: Joseph. 1. Mos. 37 und 39—46. Ruth 2.

*Lied Nr. 257, V. 1—9: In allen meinen Thaten 2c.

184. Was hat er für unsichtbare Diener bei der Erhaltung und Regierung der Welt?

Die heiligen Engel, das ist: diejenigen Geister, welche in der Gemeinschaft Gottes geblieben sind.

175. (227) Hebr. 1—14. Sind die Engel nicht allzu=
mal dienstbare Geister, ausgesandt zum Dienst um
derer willen, die ererben sollen die Seligkeit?

† 176. (229) Pf. 34, 8. Der Engel des Herrn lagert
sich um die her, so ihn fürchten, und hilft ihnen aus.
Pf. 91, 11—12.

177. (230) Luc. 15, 10. Also auch, sage ich euch, wird
Freude sein vor den Engeln Gottes über einen Sün=
der, der Buße thut.

---

185. Ist Gott auch dein Schöpfer?

Ja, ich glaube, daß mich Gott geschaffen hat samt
allen Kreaturen.

186. Was hat er dir als dein Schöpfer gegeben?

Leib und Seele.

187. Was hat er deinem Leibe gegeben?

Augen, Ohren und alle Glieder.

188. Und was deiner Seele?

Vernunft und alle Sinne.

189. Wie ist er dein Erhalter?

Dadurch, daß er mir alles Gute zuwendet, und
alles Böse von mir abwendet.

190. Wie wendet er dir alles Gute zu?

Indem er mich mit aller Notdurft und Nahrung
des Leibes und Lebens reichlich und täglich versorget.

178. (234) Hiob 10, 12. Leben und Wohlthat hast du
an mir gethan, und dein Aufsehen bewahret meinen
Odem.

* 179. (239) Matth. 6, 26. Sehet die Vögel unter dem
Himmel an: sie säen nicht, sie ernten nicht, sie sammeln
nicht in die Scheunen, und euer himmlischer Vater

nähret sie doch. Seid ihr denn nicht viel mehr denn sie? Matth. 6, 25. 27—32.

180. (240) Matth. 10, 29—30. Kauft man nicht zween Sperlinge um einen Pfennig? Noch fällt derselben keiner auf die Erde ohne euern Vater. Nun aber sind auch eure Haare auf dem Haupt alle gezählet.

Beispiele: Das Manna. 2. Mos. 16, 14. Elias am Bache Krith. 1. Kön. 17. Die Speisung der 5000. Joh. 6.

191. Wie wendet er alles Böse von dir ab?

Indem er mich wider alle Fährlichkeit beschirmet und vor allem Übel behütet und bewahret.

*181. (241) Pf. 91, 10—12. Es wird dir kein Übels begegnen, und keine Plage wird zu deiner Hütte sich nahen. Denn er hat seinen Engeln befohlen über dir, daß sie dich behüten auf allen deinen Wegen, daß sie dich auf den Händen tragen, und du deinen Fuß nicht an einen Stein stoßest. Pf. 121.

*182. (242) Jef. 43, 1—3. Fürchte dich nicht; denn ich habe dich erlöset; ich habe dich bei deinem Namen gerufen: du bist mein. Denn so du durchs Wasser gehest, will ich bei dir sein, daß dich die Ströme nicht sollen ersäufen; und so du ins Feuer gehest, sollst du nicht brennen, und die Flamme soll dich nicht anzünden. Denn ich bin der Herr, dein Gott, der Heilige in Israel, dein Heiland.

†183. (243) Pf. 127, 1. Wo der Herr nicht das Haus bauet, so arbeiten umsonst, die daran bauen. Wo der Herr nicht die Stadt behütet, so wachet der Wächter umsonst. Pf. 7, 11.

Beispiele: Daniel im Löwengraben, Dan. 6. Die drei Männer im Ofen, Dan. 3. JEsus auf der Flucht nach Ägypten, Matth. 2. Petrus im Gefängnis, Apst. 12.

* Lied Nr. 413: Wer nur den lieben Gott rc.

192. Was treibt ihn dazu?

Bloß seine väterliche, göttliche Güte und Barmherzigkeit, ohne all mein Verdienst und Würdigkeit.

†184. (245) 1. Mos. 32, 10. Ich bin zu gering aller

Barmherzigkeit und aller Treue, die du an deinem Knechte gethan hast.

185. (247) 1. Cor. 4, 7. **Was hast du, das du nicht empfangen hast? So du es aber empfangen hast, was rühmest du dich denn, als der es nicht empfangen hätte?** Röm. 11, 35.

193. Was bist du ihm dafür schuldig?

Ihm zu danken und zu loben, und dafür zu dienen und gehorsam zu sein.

186. (248) Pf. 118, 1. **Danket dem Herrn; denn er ist freundlich, und seine Güte währet ewiglich.**

†187. (249) Pf. 103, 2. **Lobe den Herrn, meine Seele, und vergiß nicht, was er dir Gutes gethan hat.**

188. (250) 1. Sam. 15, 22. **Gehorsam ist besser, denn Opfer, und Aufmerken besser, denn das Fett von Widdern.** Hof. 6, 6.

194. Warum hältst du dies alles für gewißlich wahr?

Weil es auf dem Grund des göttlichen Wortes ruht.

† 189. (251) Matth. 24, 35. **Himmel und Erde werden vergehen, aber meine Worte werden nicht vergehen.**

Zweiter Artikel.

Von der Erlösung.

Ich glaube an JEsum Christum, Gottes eingebornen Sohn, unsern HErrn, der empfangen ist von dem heiligen Geist, geboren aus Maria der Jungfrau, gelitten unter Pontio Pilato, gekreuziget, gestorben und begraben, niedergefahren zur Hölle, am dritten Tage wieder auferstanden von den Toten, aufgefahren gen Himmel, sitzend zur Rechten Gottes, des allmächtigen Vaters, von dannen er kommen wird, zu richten die Lebendigen und die Toten.

Was ist das?

Ich glaube, daß JEsus Christus, wahrhaftiger Gott, vom Vater in Ewigkeit geboren, und auch wahrhaf=

tiger Mensch, von der Jungfrau Maria geboren, sei mein HErr, der mich verlornen und verdammten Menschen erlöset hat, erworben und gewonnen von allen Sünden, vom Tod und von der Gewalt des Teufels, nicht mit Gold oder Silber, sondern mit seinem heiligen, teuern Blut und mit seinem unschul= digen Leiden und Sterben; auf daß ich sein eigen sei, und in seinem Reiche unter ihm lebe und ihm diene in ewiger Gerechtigkeit, Unschuld und Seligkeit, gleichwie er ist auferstanden vom Tode, lebet und regieret in Ewigkeit. Das ist gewißlich wahr.

195. Durch welches Werk hat Gott das gefallene Menschengeschlecht errettet?

Durch das Werk der Erlösung.

196. Wie heißt unser Erlöser?

JEsus Christus.

190. (315) 1. Tim. 2, 5—6. Es ist Ein Gott und Ein Mittler zwischen Gott und den Menschen, nämlich der Mensch Christus Jesus, der sich selbst gegeben hat für alle zur Erlösung, daß solches zu seiner Zeit ge= prediget würde.

191. (321) 1. Cor. 1, 30. Jesus Christus ist uns von Gott gemacht zur Weisheit, zur Gerechtigkeit, zur Heiligung und zur Erlösung.

197. Was heißt JEsus?

Seligmacher oder Heiland.

192. (252) Matth. 1, 21. Maria wird einen Sohn ge= bären, des Namen sollst du Jesus heißen; denn er wird sein Volk selig machen von ihren Sünden. Luc. 2, 21.

193. (253) Apstg. 4, 12. Es ist in keinem andern Heil, ist auch kein anderer Name den Menschen gegeben, darinnen wir sollen selig werden.

198. Was heißt Christus?

Der Gesalbte oder der Messias, welcher von An= fang an verheißen war.

(Die Vorgeschichte Christi im alten Testament).

194. (254) Apſtg. 10, 38. Gott hat Jeſum von Nazareth geſalbet mit dem heiligen Geiſt und Kraft. Pſ. 45, 8. Joh. 4, 25.

199. Was wird von ſeiner Perſon ausgeſagt?

Daß er Gottes eingeborner Sohn, das iſt: gleiches Weſens mit Gott iſt.

† 195. (—) Joh. 3, 16. Alſo hat Gott die Welt geliebet, daß er ſeinen eingebornen Sohn gab, auf daß alle, die an ihn glauben, nicht verloren werden, ſondern das ewige Leben haben.

200. Was gilt demnach von ſeinem Daſein?

Daß er bei Gott in göttlicher Herrlichkeit war, ehe er Menſch wurde.

* 196. (255) Joh. 1, 1. 14. Im Anfang war das Wort, und das Wort war bei Gott, und Gott war das Wort. — Und das Wort ward Fleiſch, und wohnete unter uns; und wir ſahen ſeine Herrlichkeit, eine Herrlichkeit als des eingebornen Sohnes vom Vater, voller Gnade und Wahrheit. Joh. 10, 30. 14, 9. Col. 1, 15. 2, 9.

201. Woher wiſſen wir, daß er der Sohn Gottes iſt?

Aus ſeinem eigenen Zeugnis, wie aus dem ſeiner heiligen Apoſtel.

* 197. (263) Joh. 5, 21—23. Wie der Vater die Toten auferwecket, und machet ſie lebendig: alſo auch der Sohn machet lebendig, welche er will. Denn der Vater richtet niemand; ſondern alles Gericht hat er dem Sohne gegeben, auf daß ſie alle den Sohn ehren, wie ſie den Vater ehren. Wer den Sohn nicht ehret, der ehret den Vater nicht, der ihn geſandt hat. Joh. 5, 25—27.

198. (258) Joh. 8, 58. Jeſus ſprach zu ihnen: Wahrlich, wahrlich, ich ſage euch, ehe denn Abraham ward, bin ich. Mich. 5, 1.

199. (259) Matth. 28, 18. Mir iſt gegeben alle Gewalt im Himmel und auf Erden. Matth. 11, 27. Joh. 3, 35. 17, 2.

† 200. (261) Matth. 28, 20. Siehe, ich bin bei euch alle Tage bis an der Welt Ende. Matth. 18, 20.

201. (260) Joh. 21, 17. Herr, du weißt alle Dinge: du weißt, das ich dich lieb habe. Joh. 1, 47—49. 4, 16—19.

*202. (262) Col. 1, 16—17. Durch ihn ist alles geschaffen, das im Himmel und auf Erden ist, das Sichtbare und Unsichtbare, die Thronen und Herrschaften und Fürstentümer und Obrigkeiten; es ist alles durch ihn und zu ihm geschaffen. Und er ist vor allen, und es bestehet alles in ihm.

202. Welche Ehre geben wir ihm deshalb?

Wir nennen ihn unsern HErrn.

203. Auf welchem Wege ist er unser HErr und Erlöser geworden?

Er ist empfangen von dem heiligen Geist und geboren aus Maria, der Jungfrau.

203. (265) Gal. 4, 4—5. Da die Zeit erfüllet ward, sandte Gott seinen Sohn, geboren von einem Weibe, und unter das Gesetz gethan, auf daß er die, so unter dem Gesetz waren, erlösete, daß wir die Kindschaft empfingen.

*Lied Nr. 57: Gelobet seist du 2c. Nr. 71: Dies ist der Tag 2c.

204. Was hat er damit an sich genommen?

Menschliche Natur, aber ohne Sünde.

204. (267) Hebr. 4, 15. Er ist versuchet allenthalben, gleich wie wir, doch ohne Sünde. 1 Petr. 2, 22. Joh. 8, 46.

205. In welchen **Stand** ist er mit seiner Menschwerdung eingetreten?

In den Stand der Erniedrigung, indem er seine Herrlichkeit abgelegt und Knechtsgestalt angenommen hat.

*205. (266) Phil. 2, 6—8. Jesus Christus, ob er wohl in göttlicher Gestalt war, hielt es nicht für einen Raub, Gott gleich sein, sondern äußerte sich selbst, und nahm Knechtsgestalt an, ward gleich wie ein anderer Mensch, und an Gebärden als ein Mensch erfunden.

Er erniedrigte sich selbst, und ward gehorsam bis zum Tode, ja zum Tode am Kreuze. Hebr. 2, 14.

206. Mit welchem Amt hat er sein Erlösungswerk begonnen?

Mit dem prophetischen Amte.

*206. (301) 5 Mos. 18, 18—19. Ich will ihnen einen Propheten, wie du bist, erwecken aus ihren Brüdern, und meine Worte in seinen Mund geben; der soll zu ihnen reden alles, was ich ihm gebieten werde. Und wer meine Worte nicht hören wird, von dem will ichs fordern. Luc. 7, 16. Joh. 6, 14.

207. Wodurch hat er als Prophet gewirkt?

Durch Lehre und Wunder.

208. Was hat er gelehrt?

Daß er der verheißene Gottessohn ist und das Himmelreich bringt; und daß wir durch Buße und Glauben ins Himmelreich eingehen. (Die Gleichnisse vom Himmelreich; Matth. 13.)

207. (303) Joh. 7, 16—17. Jesus sprach: Meine Lehre ist nicht mein, sondern des, der mich gesandt hat. So jemand will des Willen thun, der wird inne werden, ob diese Lehre von Gott sei, oder ob ich von mir selbst rede.

208. (304) Joh. 14, 6. Jesus spricht: Ich bin der Weg und die Wahrheit und das Leben; niemand kommt zum Vater, denn durch mich.

209. (305) Joh. 8, 12. Jesus sprach: Ich bin das Licht der Welt; wer mir nachfolget, der wird nicht wandeln in Finsternis, sondern wird das Licht des Lebens haben. Joh. 12, 46.

210. (306) Joh. 6, 68—69. Herr, wohin sollen wir gehen? Du hast Worte des ewigen Lebens. Und wir haben geglaubt und erkannt, daß du bist Christus, der Sohn des lebendigen Gottes.

209. Was hat er durch seine Wunder bezeugt?

Nicht bloß seine göttliche Sendung, sondern daß er alles Übel aufheben und das Himmelreich wirklich bringen kann.

5*

210. Woran erkennen wir dies?

Daran, daß es lauter Gnadenwunder sind, durch die er sich mächtig erwiesen über die Natur, über die Sünde, über alle Krankheit, über den Tod und über die Teufel.

211. Was hat ihm sein Volk gleichwohl gethan?

Es hat ihn verworfen und den Heiden überantwortet.

212. Was bekennen wir deshalb weiter?

Daß er gelitten unter Pontio Pilato, dem Statt=halter des heidnischen Weltherrschers.

211. (268) Luc. 24, 26. Mußte nicht Christus solches leiden, und zu seiner Herrlichkeit eingehen? Marc. 8, 31.

212. (270) 1 Petr. 2, 21. Christus hat gelitten für uns, und uns ein Vorbild gelassen, daß ihr sollt nachfolgen seinen Fußtapfen. Phil. 2, 5.

213. Was hat ihm dieser angethan?

Er hat ihn aus Furcht vor den Juden verhöhnen, geißeln und kreuzigen lassen, nachdem der hohe Rat das Todesurteil über ihn gesprochen.

213. (271) Gal. 3, 13. Christus hat uns erlöset von dem Fluche des Gesetzes, da er ward ein Fluch für uns: denn es stehet geschrieben: Verflucht ist jeder=mann, der am Holze hänget.

214. (273) Luc. 14, 27. Wer nicht sein Kreuz trägt, und mir nachfolgt, der kann nicht mein Jünger sein. Matth. 16, 24—25.

Lied Nr. 100: O Haupt voll Blut ꝛc.

214. Um welcher Ursache willen hat der hohe Rat ihn verurteilt?

Um seines Zeugnisses willen, daß er Christus, der Sohn Gottes, sei.

215. Wodurch schien dies Urteil bestätigt?

Dadurch, daß er am Kreuze auch von Gott ver=lassen ward.

216. Wie ist sein Leiden ausgegangen?

Er ist am Kreuze gestorben.

215. (274) Joh. 19, 30. Da Jesus den Essig genommen hatte, sprach er: Es ist vollbracht, und neigte das Haupt, und verschied.

216. (275) Luc. 23, 46. Und Jesus rief laut und sprach: Vater, ich befehle meinen Geist in deine Hände. Und als er das gesagt, verschied er.

Speerwunde.
Lied Nr. 111: Wir danken dir, Herr Jesu 2c.

217. Was ist mit seinem Leibe geschehen?

Er wurde begraben.

218. Und was mit seiner Seele?

Sie ist niedergefahren zur Hölle, das heißt ins Reich der abgeschiedenen Geister eingetreten.

219. War damit sein Erlösungswerk vereitelt?

Gerade durch sein Leiden und Sterben wurde es hinausgeführt und die Schrift erfüllet.

220. Welches Amt hat er nämlich damit ausgerichtet?

Das hohepriesterliche Amt, indem er sich selber als das ewiggiltige Opfer für die Sünden der Welt Gott dargebracht hat.

*217. (307) Hebr. 7, 26—27. Einen solchen Hohenpriester sollten wir haben, der da wäre heilig, unschuldig, unbefleckt, von den Sündern abgesondert und höher, denn der Himmel ist, dem nicht täglich not wäre, wie jenen Hohenpriestern, zuerst für eigene Sünde Opfer zu thun, darnach für des Volkes Sünde; denn das hat er gethan einmal, da er sich selbst opferte. Hebr. 9, 25—28. 10, 14.

†218. (317) Joh. 1, 29. Siehe, das ist Gottes Lamm, welches der Welt Sünde trägt. Jes. 53, 6.

221. Wodurch ist das offenbar worden?

Durch seine Erhöhung.

*219. (293) Phil. 2, 9—11. Darum hat ihn auch Gott erhöhet, und hat ihm einen Namen gegeben, der

über alle Namen ist, daß in dem Namen Jesu sich beu=
gen sollen alle derer Kniee, die im Himmel und auf
Erden und unter der Erde sind, und alle Zungen be=
kennen sollen, daß Jesus Christus der Herr sei, zur Ehre
Gottes des Vaters.

222. Womit hat dieselbe begonnen?

Damit, daß er sich schon im Reich der abgeschie=
denen Geister als Sieger dargestellt hat.

220. (277) Pf. 16, 10. Du wirst meine Seele nicht in
der Hölle lassen, und nicht zugeben, daß dein Heiliger
verwese.

221. (280) 1 Petr. 3, 18—19. Christus ist getötet
nach dem Fleisch, aber lebendig gemacht nach dem Geist.
In demselbigen ist er auch hingegangen und hat gepredi=
get den Geistern im Gefängnis.

223. Wie ist sie aber auch der Welt kund geworden?

Dadurch, daß er am dritten Tage auferstanden ist
von den Toten.

222. (282) Apstg. 3, 15. Den Fürsten des Lebens habt
ihr getötet. Den hat Gott auferwecket von den To=
ten; des sind wir Zeugen. Apstg. 2, 32. 10, 40—41.

223. (283) Röm. 4, 25. Er ist um unserer Sünde wil=
len dahin gegeben, und um unserer Gerechtigkeit
willen auferwecket.

224. (284) 1. Cor. 15, 17—18. Ist Christus nicht auf=
erstanden, so ist euer Glaube eitel, so seid ihr noch
in euern Sünden, so sind auch die, so in Christo ent=
schlafen sind, verloren. Röm. 1, 4.

224. In welchem Leibe ist der Auferstandene erschienen?

In einem neuen, verklärten Leibe, obgleich es der=
selbe war, der am Kreuze gehangen.

Beweis: Die Erscheinungen des Auferstandenen.
Lied Nr. 131: Jesus lebt 2c.

225. Wie lange ließ er sich sehen unter seinen Jüngern?

Vierzig Tage, um sie im Glauben gewiß und so
zu Zeugen seiner Auferstehung in der Welt zu machen.

226. Was hat er darnach gethan?

Er ist in seinem verklärten Leibe aufgefahren gen Himmel, woher er gekommen war.

225. (287) Luc. 24, 51. Und es geschah, da er sie segnete, schied er von ihnen, und fuhr gen Himmel. Apstg. 1, 9.

* 226. (288) Joh. 14, 2—3. Ich gehe hin, euch die Stätte zu bereiten. Und ob ich hinginge, euch die Stätte zu bereiten, will ich doch wieder kommen, und euch zu mir nehmen, auf daß ihr seid, wo ich bin.

227. Welche Stellung nimmt er im Himmel ein?

Er sitzet zur Rechten Gottes, des allmächtigen Vaters, d. h. er regieret mit dem Vater in gleicher Macht und Herrlichkeit.

227. (291) Marc. 16, 19. Und der Herr, nachdem er mit ihnen geredet hatte, ward er aufgehoben gen Himmel, und sitzet zur rechten Hand Gottes.

228. Welches Amt richtet er damit aus?

Das königliche Amt.

* 228. (311) Joh. 18, 37. Pilatus sprach zu ihm: So bist du dennoch ein König? Jesus antwortete: Du sagst es, ich bin ein König. Ich bin dazu geboren, und in die Welt kommen, daß ich die Wahrheit zeugen soll. Wer aus der Wahrheit ist, der höret meine Stimme. Joh. 18, 36.

229. (312) 1. Cor. 15, 25. Er muß aber herrschen, bis daß er alle seine Feinde unter seine Füße lege. Pf. 110, 1—2.

* Lied 170: Ein feste Burg 2c.

229. Wie waltet er dabei seines hohenpriesterlichen Amtes?

Indem er uns durch seine Fürbitte bei dem Vater vertritt.

230. (308) 1. Joh. 2, 1. So jemand sündiget, so haben wir einen Fürsprecher bei dem Vater, Jesum Christum, der gerecht ist.

* 231. (309) Röm. 8, 33—34. Wer will die Auser=
wählten Gottes beschuldigen? Gott ist hie, der da ge=
recht macht. Wer will verdammen? Christus ist hie, der
gestorben ist, ja vielmehr, der auch auferwecket ist, wel=
cher ist zur Rechten Gottes, und vertritt uns. Hebr. 7,
24—25.

230. Wann wird er als der HErr sich vor aller Welt
offenbaren?

Wenn er kommen wird, zu richten die Lebendigen
und die Toten, am jüngsten Tage.

232. (294) Apstg. 1, 11. Dieser Jesus, welcher von
euch ist aufgenommen gen Himmel, wird kommen, wie
ihr ihn gesehen habt gen Himmel fahren.

233. (295) Luc. 21, 27. Alsdann werden sie sehen
des Menschen Sohn kommen in der Wolke, mit gro=
ßer Kraft und Herrlichkeit.

231. Wer sind die Lebendigen?

Alle Menschen, die am Tage seiner Zukunft noch
am Leben sein werden.

232. Wer sind die Toten?

Alle Menschen, die von Anfang an gestorben sind.

233. Was wird er an diesen thun, um sie richten zu können?

Er wird sie aus dem Tode auferwecken.

*234. (297) 2. Cor. 5, 10. Wir müssen alle offen=
bar werden vor dem Richterstuhl Christi, auf
daß ein jeglicher empfahe, nach dem er gehandelt hat bei
Leibes Leben, es sei gut oder böse. Apstg. 10, 42.

234. Wissen wir, oder können wir berechnen, wann der
jüngste Tag anbricht?

Nimmermehr; aber an seinen Vorzeichen werden
die Gläubigen seine Nähe erkennen.

235. (296) Marc. 13, 32. Von dem Tage aber und
der Stunde weiß niemand, auch die Engel nicht im
Himmel, auch der Sohn nicht, sondern allein der Vater.

*236. (300) Jac. 5, 7—8. So seid nun geduldig, lie=
ben Brüder, bis auf die Zukunft des Herrn. Siehe,

ein Ackermann wartet auf die köstliche Frucht der Erde, und ist geduldig darüber, bis er empfahe den Morgen=regen und Abendregen. Seid ihr auch geduldig, und . stärket eure Herzen; denn die Zukunft des Herrn ist nahe.

(Vorzeichen: Matth. 24, 14. 2. Theff. 2, 3. 4. Röm. 11, 25. 26.)
Lied Nr. 48: Wie soll ich dich 2c.

---

235. Wie kannst nun auch du zu deinem Troste bekennen?

Ich glaube, daß JEsus Christus sei mein HErr.

236. Warum kann er dein HErr sein?

Weil er wahrhaftiger Gott vom Vater in Ewigkeit geboren, und auch wahrhaftiger Mensch von der Jung=frau Maria geboren, also kein bloßer Mensch, sondern Gott und Mensch in einer Person ist.

237. Was wärest du ohne ihn?

Ein verlorner und verdammter Mensch.

237. (316) Luc. 19, 10. Des Menschen Sohn ist kom=men, zu suchen und selig zu machen, das verloren ist. Matth. 18, 11.

238. Was ist ein verlorner Mensch?

Ein Mensch, der Gott und das Leben aus Gott verloren hat und dem ewigen Verderben verfallen ist.

239. Und was ist ein verdammter Mensch?

Ein Mensch, der durch Gottes Richterspruch verur=teilt und von Gottes Angesicht verstoßen ist.

240. Warum wärst du das?

Um der Übertretung Adams, wie um meiner an=gebornen Sündhaftigkeit und um meiner unzähligen begangenen Sünden willen.

241. Was hat er an dir gethan, um dein HErr zu werden?

Er hat mich erlöst von allen Sünden, vom Tode und von der Gewalt des Teufels.

242. Was heißt das: er hat dich erlöst von allen Sünden?

Er hat mich frei gemacht von der Schuld und

Macht der Sünde, so daß sie mich nicht mehr ver=
dammen und nicht mehr beherrschen kann.

238. (368) Apstg. 10, 43. Von diesem zeugen alle Pro=
pheten, daß durch seinen Namen alle, die an ihn
glauben, Vergebung der Sünden empfangen sol=
len. Apstg. 13, 38—39.

239. (331) 1. Joh. 1, 7. Das Blut Jesu Christi,
seines Sohnes, macht uns rein von aller Sünde.
Lied Nr. 519: In Christi Wunden rc.

243. Was heißt: er hat dich erlöst vom Tode?

Er hat mich frei gemacht vom Gericht und der
Furcht des Todes, so daß mir der leibliche Tod der
Eingang zum Leben wird.

240. (323) Joh. 11, 25—26. Ich bin die Auferstehung
und das Leben. Wer an mich glaubet, der wird leben,
ob er gleich stürbe. Und wer da lebet, und glaubet an
mich, der wird nimmermehr sterben.

244. Warum bist du dadurch frei von der Gewalt des
Teufels?

Weil dieser nur über die Herr ist, welche unter der
Schuld und Macht der Sünde und unter dem Ge=
richte des Todes sind.

241. (325) 1. Joh. 3, 8. Dazu ist erschienen der Sohn
Gottes, daß er die Werke des Teufels zerstöre.

245. Womit hat er dich erlöst?

Nicht mit Gold oder Silber, sondern mit seinem
heiligen und teuern Blut und mit seinem unschul=
digen Leiden und Sterben.

*242. (327) 1. Petr. 1, 18—19. Wisset, daß ihr nicht
mit vergänglichem Silber oder Gold erlöset seid von eurem
eiteln Wandel nach väterlicher Weise, sondern mit dem
teuern Blute Christi, als eines unschuldigen und
unbefleckten Lammes. Hebr. 7, 26.

246. Warum hat sein Leiden und Sterben diese Wirkung gehabt?

Weil er mit demselben seinen Gehorsam gegen den Willen des himmlischen Vaters vollendet hat.

243. (328) Röm. 5, 19. Gleichwie durch Eines Menschen Ungehorsam viele Sünder geworden sind, also auch durch Eines Gehorsam werden viele Gerechte. Gal. 4, 4—5.

247. Und wie konnte sein Blut das Lösegeld für deine Sünde sein?

Weil er in der Hingabe seines Lebens die Strafe meiner Sünde an meiner Statt getragen und mich mit Gott versöhnt hat.   .

*244. (329) Jes. 53, 4—5. Fürwahr er trug unsere Krankheit, und lud auf sich unsere Schmerzen; wir aber hielten ihn für den, der geplaget nnd von Gott geschlagen und gemartert wäre. Aber er ist um unserer Missethat willen verwundet, und um unserer Sünde willen zerschlagen. Die Strafe liegt auf ihm, auf daß wir Frieden hätten, und durch seine Wunden sind wir geheilet.

245. (318) 2. Cor. 5, 21. Gott hat den, der von keiner Sünde wußte, für uns zur Sünde gemacht, auf daß wir würden in ihm die Gerechtigkeit, die vor Gott gilt.

248. Was folgt daraus, daß er so für dich eingetreten?

Er hat mich erworben und gewonnen.

249. Wozu hat er das alles gethan?

Auf daß ich sein eigen sei, das heißt: ihm, als meinem HErrn, mit Leib und Seele angehöre.

246. (333) Tit. 2, 14. Jesus Christus hat sich selbst für uns gegeben, auf daß er uns erlösete von aller Ungerechtigkeit, und reinigte ihm selbst ein Volk zum Eigentum, das fleißig wäre zu guten Werken.

247. (334) Röm. 14, 7—8. Unser keiner lebt ihm selber und keiner stirbt ihm selber. Leben wir, so leben wir dem Herrn; sterben wir, so sterben wir dem Herrn. Darum wir leben oder sterben, so sind wir des Herrn.

*248. (336) Gal. 2, 20. Ich lebe, doch nun nicht ich, sondern Christus lebet in mir. Denn was ich jetzt lebe im Fleisch, das lebe ich in dem Glauben des Sohnes Gottes, der mich geliebet hat, und sich selbst für mich dargegeben. Luc. 1, 74—75.

Lied Nr. 281: Meinen Jesum laß rc.

250. Wo will er als dein HErr sich erzeigen?

In seinem Reiche, wo ich unter ihm leben und ihm dienen soll.

251. Was ist das für ein Reich?

Das Reich der Gnade, in welchem er regiert, seit er zur Rechten Gottes sitzt.

252. Wie sollst du unter ihm leben und ihm dienen?

In ewiger Gerechtigkeit, Unschuld und Seligkeit.

253. Warum wird solches Leben und Dienen ein ewiges sein?

Weil auch Christus, mein HErr, kraft seiner Auf= erstehung lebet und regieret in Ewigkeit.

254. Wie besiegelst du auch diesen Artikel?

Mit dem Worte: Das ist gewißlich wahr.

†249. (338) 1. Tim. 1, 15. Das ist je gewißlich wahr, und ein teuer wertes Wort, daß Christus Jesus kommen ist in die Welt, die Sünder selig zu machen.

Lied Nr. 196: Halt im Gedächtnis rc.

Dritter Artikel.

Von der Heiligung.

Ich glaube an den heiligen Geist, eine heilige christ= liche Kirche, die Gemeine der Heiligen, Vergebung der Sünden, Auferstehung des Fleisches und ein ewiges Leben. Amen.

Ich glaube, daß ich nicht aus eigener Vernunft noch Kraft an JEsum Christum, meinen HErrn, glauben oder zu ihm kommen kann; sondern der heilige Geist hat mich durch's Evangelium berufen, mit seinen Gaben erleuchtet, im rechten Glauben geheiliget und erhalten; gleichwie er die ganze Christenheit auf Erden berufet, sammelt, erleuchtet, heiliget, und bei JEsu Christo erhält im rechten einigen Glauben; in welcher Christenheit er mir und allen Gläubigen täglich alle Sünde reichlich vergibt, und am jüngsten Tage mich und alle Toten auferwecken wird, und mir samt allen Gläubigen in Christo ein ewiges Leben geben wird. Das ist gewißlich wahr.

255. Wodurch wird uns die Erlösung zugeeignet?

Durch das Werk der Heiligung.

256. Wer vollbringt dies Werk?

Der heilige Geist.

Lied Nr. 154: O heilger Geist kehr 2c.

257. Wer ist der heilige Geist?

Die dritte Person in der Gottheit.

258. Woher wissen wir, daß auch er wahrhaftiger Gott ist?

Aus der heiligen Schrift, welche lehrt, daß er vom Vater und dem Sohne ausgeht, und welche ihn dem Vater und dem Sohne völlig gleichstellt.

250. (339) Joh. 15, 26. Wenn aber der Tröster kommen wird, welchen ich euch senden werde vom Vater, der Geist der Wahrheit, der vom Vater ausgehet; der wird zeugen von mir.

*251. (340) Joh. 14, 26. Aber der Tröster, der heilige Geist, welchen mein Vater senden wird in meinem Namen, derselbige wird es euch alles lehren, und euch erinnern alles des, das ich euch gesagt habe. Joh. 16, 7. Apstg. 1. 4—5. 2, 1—21.

252. (342) 1. Cor. 2, 10. Der Geist erforschet alle Dinge, auch die Tiefen der Gottheit. Jes. 40, 13.

253. (343) Eph. 4, 30. Betrübet nicht den heiligen Geist Gottes, womit ihr versiegelt seid auf den Tag der Erlösung.

(Vergleiche den Taufbefehl.)

259. Wie hat er das Kommen Christi in die Welt vorbereitet?

Er hat die Weissagungen und Vorbilder gewirkt, welche Christum angekündigt und im Bilde dargestellt haben.

260. Was hat er an Christo während seines Wandels im Fleische gethan?

Er hat ihn zu seinem Werke mit der Fülle seiner Kraft ausgerüstet.

261. Worin besteht jetzt sein Thun?

Darin, daß er das neue Leben Christi mitteilt, und so Christum in der Welt verklärt.

262. Seit wann thut er dies?

Seit er von Christo, dem zu Gott Erhöhten, ausgegossen ist.

263. Wann ist dies geschehen?

Am ersten Pfingstfeste nach Christi Himmelfahrt.

264. Was war die Wirkung dieser Ausgießung?

Daß die Jünger JEsu ihres Glaubens gewiß und froh, und mit allen Gaben und Kräften für ihren Zeugenberuf ausgerüstet wurden.

265. Was hat der heil. Geist dadurch in der Welt geschaffen?

Die heilige, christliche Kirche, die Gemeine der Heiligen.

*254. (362) 1. Petr. 2, 9. Ihr seid das auserwählte Geschlecht, das königliche Priestertum, das heilige Volk, das Volk des Eigentums, daß ihr verkündigen sollt die Tugenden des, der euch berufen hat von der Finsternis zu seinem wunderbaren Licht. 1. Petr. 2, 5.

266. Warum heißt sie die Gemeine der Heiligen?

Weil alle, die da glauben, Gotte geheiligt sind.

267. Warum heißt sie christlich?

Weil Christus ihr HErr und Haupt ist.

268. Warum heißt sie heilig?

Weil der heilige Geist in ihr wohnt und wirkt.

269. Warum heißt sie Eine?

Weil sie unter Einem Haupte in Einem Geiste zusammengefaßt ist.

270. Stellt sie sich auch äußerlich als Eine dar?

Nein; sondern die Christenheit hat sich zerteilt in eine katholische, und in eine evangelische oder protestantische. In jener unterscheiden wir wieder die griechisch-katholische und die römisch-katholische, in dieser aber die lutherische, die reformierte und die unierte Kirche.

271. Woraus erkennt man, was eine Kirche glaubt und lehrt?

Aus ihrem Bekenntnis, welches sie niedergelegt hat in ihren Bekenntnisschriften.

272. Wie heißen die Bekenntnisschriften unserer lutherischen Kirche?

1) Die Augsburgische Konfession, 2) die Apologie oder Verteidigung der Augsburgischen Konfession, 3) die Schmalkaldischen Artikel, 4) der große Katechismus, 5) der kleine Katechismus, 6) die Konkordien- oder Eintrachtsformel.

273. Woran müssen die Bekenntnisse der Kirchen geprüft werden?

An der heiligen Schrift, welche als die ursprüngliche Quelle der göttlichen Wahrheit über allen Bekenntnissen steht.

274. Warum sind wir demnach gewiß, daß die lutherische Kirche die wahre ist?

Weil ihr Bekenntnis mit der heiligen Schrift über= einstimmt, so daß in ihr das Wort Gottes lauter und rein gelehrt und die heiligen Sakramente nach Christi Einsetzung verwaltet werden.

255. (359) Joh. 8, 31—32. So ihr bleiben werdet an meiner Rede, so seid ihr meine rechten Jünger und werdet die Wahrheit erkennen, und die Wahrheit wird euch frei machen. 1. Tim. 6, 3—4. 2. Tim. 1, 13. Gal. 1. 8—9.

275. Warum kann man gleichwohl auch in andern Kirchen selig werden?

Weil nicht die Kirche, sondern der Glaube an Christum selig macht, und in jeder derselben Christus dargeboten wird, so mannigfach auch sein Wort entstellt oder verdunkelt ist.

276. In wiefern ist demnach die zerteilte christliche Kirche dennoch Eine?

In sofern sie in den ältesten Bekenntnissen, dem apostolischen, dem Nicänischen und dem Athanasiani= schen, sich zu JEsu Christo und damit zu dem drei= einigen Gotte bekennt.

277. Wie eignet uns der heilige Geist die Erlösung zu?

Indem er uns der Vergebung der Sünden teil= haftig macht, welche uns Christus erworben hat.

278. Wie macht er uns derselben teilhaft?

Indem er uns das Wort von der Vergebung der Sünden darbietet und den Glauben an dasselbe in uns wirkt.

279. Wozu führt er uns dadurch?

Zu dem Frieden mit Gott, welcher außerhalb der christlichen Kirche nicht zu finden ist.

280. Was bleibt uns aber auch nach der Vergebung?

Der Kampf gegen die in unserm Fleische wohnende Sünde, die uns anklebt bis zum Tode.

281. Wes dürfen wir uns aber auch in diesem Kampfe trösten?

Daß der heilige Geist unserer Schwachheit aufhilft und uns selbst vertritt aufs beste mit unaussprech= lichem Seufzen. (Röm. 8, 26.)

282. Wo wird auch unser Leib der Erlösung teilhaftig?

In der Auferstehung des Fleisches.

*256. (377) Joh. 5, 28—29. Verwundert euch des nicht; denn es kommt die Stunde, in welcher alle, die in den Gräbern sind, werden seine Stimme hören, und werden hervorgehen, die da Gutes gethan haben, zur Auferstehung des Lebens, die aber Übels gethan haben, zur Auferstehung des Gerichts. Apstg. 24, 15. Jes. 66, 24.

283. Warum ist hier der Leib „Fleisch" genannt?

Um anzudeuten, daß der nämliche Leib, den wir jetzt an uns tragen, wieder lebendig gemacht wird.

284. Aber wie wird dieser Leib beschaffen sein?

Er wird verklärt, das ist: ganz und gar vom hei= ligen Geiste durchleuchtet sein. Deswegen heißt er auch „ein geistlicher Leib".

*257. (378) 1. Cor. 15, 42—44. Es wird gesäet ver= weslich, und wird auferstehen unverweslich. Es wird gesäet in Unehre, und wird auferstehen in Herrlich= keit. Es wird gesäet in Schwachheit, und wird aufer= stehen in Kraft. Es wird gesäet ein natürlicher Leib, und wird auferstehen ein geistlicher Leib. 1. Cor. 15, 51—57.

*258. (379) Phil. 3, 20—21. Unser Wandel ist im Himmel, von dannen wir auch warten des Heilands Jesu Christi, des Herrn, welcher unsern nichtigen Leib ver= klären wird, daß er ähnlich werde seinem verklärten Leibe, nach der Wirkung, damit er kann auch alle Dinge ihm unterthänig machen. 2. Cor. 5, 1.

6

285. Wo sind bis dahin die Seelen der Gläubigen?

Sie sind bei Christo daheim im Himmel, wo sie in Fried und Freude der Wiedervereinigung mit den Leibern warten.

286. Was wird mit der Auferstehung des Fleisches offenbar werden?

Das ewige Leben, da wir ganz und gar nach Leib und Seele mit dem heiligen Geiste erfüllt sind.

287. Welches wird die Stätte des ewigen Lebens sein?

Der neue Himmel und die neue Erde, in welche Gott die gegenwärtige Welt verwandeln wird.

259. (382) 2. Petr. 3, 13. Wir warten eines neuen Himmels und einer neuen Erde, nach seiner Verheißung, in welchen Gerechtigkeit wohnet.

288. Welches ist demnach das Ende aller Wege Gottes?

Ein verklärtes Menschengeschlecht, unter Christo als dem Haupte zusammengefaßt, lebt mit dem dreieinigen Gotte in ewiger Heiligkeit und Seligkeit.

---

289. Warum kannst du ohne den heiligen Geist dieser Seligkeit nicht teilhaftig werden?

Weil ich nicht aus eigener Vernunft noch Kraft an JEsum Christum meinen HErrn glauben oder zu ihm kommen kann.

260. (349) 1. Cor. 2. 14. Der natürliche Mensch vernimmt nichts vom Geiste Gottes; es ist ihm eine Thorheit, und kann es nicht erkennen; denn es muß geistlich gerichtet sein. 1. Cor. 2, 12.

290. Was hat deshalb der heilige Geist an dir zuerst gethan?

Er hat mich durchs Evangelium berufen.

291. Was heißt das?

Er hat mich durch die frohe Botschaft von der Liebe Christi eingeladen, zu Christo zu kommen.

292. Was hat er weiter gethan, daß du der Einladung folgen konntest?

Er hat mich erleuchtet, das heißt: er hat mir Licht ins Herz gegeben.

293. Womit hat er dich erleuchtet?

Mit seinen Gaben, durch die er Buße und Glauben in mir gewirkt hat.

294. Wie hat er dich mit der Buße erleuchtet?

Daß ich in Reue und Leid meine Sünden erkannt, mich in Abscheu von ihnen gewendet und nach Vergebung gesehnt habe.

295. Wie hat er dich mit dem Glauben erleuchtet?

Daß ich Gottes Gnade erkannt und in freudiger Zuversicht JEsum Christum als meinen Heiland ergriffen habe.

296. Was bist du durch den bußfertigen Glauben an Christum geworden?

Ein gerechtfertigter Mensch, dem nicht mehr seine Sünden zugerechnet werden, sondern die Gerechtigkeit Christi, als wenn sie seine eigene wäre.

*261. (369) Röm. 3, 23—24. Es ist hier kein Unterschied, sie sind allzumal Sünder, und mangeln des Ruhms, den sie an Gott haben sollten, und werden ohne Verdienst gerecht aus seiner Gnade, durch die Erlösung, so durch Christum Jesum geschehen ist.

297. Warum heißt dieser Glaube der rechte?

Weil er ohne jegliches Vertrauen auf eigenes Werk oder Verdienst allein an Gottes Gnade in Christo sich hält.

262. (370) Röm. 3, 28. So halten wir es nun, daß der Mensch gerecht werde ohne des Gesetzes Werke, allein durch den Glauben.

263. (371) Eph. 2, 8—9. Aus Gnaden seid ihr selig worden, durch den Glauben; und dasselbige nicht aus euch; Gottes Gabe ist es; nicht aus den Werken, auf daß sich nicht jemand rühme. Röm. 4, 2—8. 11, 6. Phil. 3, 9. Tit. 8, 4—7. Luc. 18, 9—14.

6*

298. Was hat der heilige Geist weiter an dir gethan?

Er hat mich im rechten Glauben geheiligt, das heißt: er hat mir diesen Glauben zu einer Kraft der Heiligung gemacht, so daß ich mehr und mehr der Sünde absterbe und ein neuer Mensch werde.

*264. (352) Ezech. 36, 26—27. Ich will euch ein neues Herz und einen neuen Geist in euch geben, und will das steinerne Herz aus eurem Fleisch wegnehmen, und euch ein fleischernes Herz geben. Ich will meinen Geist in euch geben, und will solche Leute aus euch machen, die in meinen Geboten wandeln, und meine Rechte halten, und darnach thun. Eph. 4, 22—27. Col. 3, 9—10.

299. Wodurch bist du in diesem Stande der Gnade verblieben?

Dadurch, daß er mich erhalten, das heißt: stark gemacht hat trotz der Anfechtung des Satans, der Welt und des eigenen Fleisches bei Christo zu verharren.

265. (354) Phil. 1, 6. Ich bin desselbigen in guter Zuversicht, daß, der in euch angefangen hat das gute Werk, der wird es auch vollführen bis an den Tag Jesu Christi. (Petri Fall und Buße).

Lied Nr. 21: Ach bleib mit deiner rc.

300. Auf welchem Weg hat dich also der heilige Geist zu Christo gebracht?

Auf dem Wege der Heilsordnung, den ich nimmermehr aus eigener Vernunft gefunden, noch aus eigener Kraft gegangen wäre.

301. Hat er das alles an dir allein gethan?

Nein, er hat es gethan und thut es fortwährend an der ganzen Christenheit auf Erden.

302. Wie beruft er sie?

Indem er die Predigt in ihr, und den Missionsdienst außer ihr kräftig und wirksam macht an denen, die ferne sind.

303. Wer soll nämlich berufen werden?

Nicht bloß eine kleine Zahl von Auserwählten, sondern alle Menschen, daher wir die Berufung eine allgemeine und ernstliche nennen.

266. (344) 1. Tim. 2, 4. Gott will, daß allen Menschen geholfen werde, und sie zur Erkenntnis der Wahrheit kommen. (Vergl. 2. Petr. 3, 9.)

304. Was thut er an denen, welche diesem Ruf und Zuge folgen?

Er thut sie zu der Gemeinde der Gläubigen hinzu und sammelt so die Christenheit.

267. (358) Joh. 10, 16. Und ich habe noch andere Schafe, die sind nicht aus diesem Stalle. Und dieselben muß ich herführen, und sie werden meine Stimme hören, und wird Eine Herde und Ein Hirte werden.

305. Wie erleuchtet er sie?

Er führt sie immer tiefer in das Verständnis der heiligen Schrift und leitet sie so in alle Wahrheit.

268. (—) Joh. 16, 13. Wenn aber jener, der Geist der Wahrheit, kommen wird, der wird euch in alle Wahrheit leiten.

306. Wie heiligt er die Christenheit?

Er gibt ihr Kraft, der erkannten Wahrheit immer mehr nachzuleben und sich von der Welt unbefleckt zu behalten.

269. (403) Joh. 17, 17. Heilige sie in deiner Wahrheit, dein Wort ist die Wahrheit.

307. Wie erhält er sie?

Indem er sie in der Gemeinschaft mit JEsu Christo, ihrem Haupte, bewahrt, und ihre Glieder im rechten, einigen Glauben immer mehr verbindet.

270. (363) Matth. 16, 18. Du bist Petrus, und auf diesen Fels will ich bauen meine Gemeine, und die Pforten der Hölle sollen sie nicht überwältigen.

*271. (364) Joh. 10, 27—28. Meine Schafe hören meine Stimme, und ich kenne sie, und sie folgen mir.

Und ich gebe ihnen das ewige Leben, und sie werden nimmermehr umkommen, und niemand wird sie mir aus meiner Hand reißen.

272. (365) Joh. 17, 11. Heiliger Vater, erhalte sie in deinem Namen, die du mir gegeben hast, daß sie eins seien, gleich wie wir.

*273. (367) Eph. 4, 3—6. Seid fleißig zu halten die Einigkeit im Geist, durch das Band des Friedens. Ein Leib und Ein Geist, wie ihr auch berufen seid auf einerlei Hoffnung eures Berufs. Ein Herr, Ein Glaube, Eine Taufe, Ein Gott und Vater unser aller, der da ist über euch alle, und durch euch alle, und in euch allen. Phil. 2, 1—4.

308. Welchen Trost hast du nun in dieser Christenheit?

Daß mir der heilige Geist täglich alle Sünden reichlich vergibt.

274. (372) Röm. 5, 20. Wo die Sünde mächtig worden ist, da ist doch die Gnade viel mächtiger worden. Eph. 2, 7.

309. Wodurch thut er das?

Dadurch, daß er meinem Geiste Zeugnis gibt, daß ich Gottes Kind bin. (Röm. 8, 16.)

310. Warum kann er dir das täglich bezeugen?

Weil ich mit der Rechtfertigung in den Stand der Gnade eingetreten bin. (Röm. 5, 1.)

311. Mit wem hast du das gemein?

Mit allen Gläubigen.

312. Warum kommt es auch bei der täglichen Vergebung nur auf den Glauben an?

Weil die guten Werke des Gläubigen nicht ein besonderes Verdienst, sondern seine Schuldigkeit sind, und weil auch die besten unter ihnen nicht frei von Sünde bleiben.

313. Warum sollen die Gläubigen gleichwohl fleißig sein in guten Werken?

Weil sie nur dadurch beweisen, daß ihr Glaube lebendig ist, und daß sie Gottes dankbare und gehorsame Kinder sind.

275. (167) Gal. 5., 6. In Christo Jesu gilt der Glaube, der durch die Liebe thätig ist.

276. (168) Jac. 2, 26. Gleichwie der Leib ohne Geist tot ist, also auch der Glaube ohne Werke ist tot. Jac. 2, 17, 20.

314. Wie wird der heilige Geist in Zukunft sein Werk an dir vollenden?

Er wird mich und alle Toten am jüngsten Tage auferwecken, indem er die gestorbenen Leiber lebendig macht.

†277. (375) 1. Cor. 6. 14. Gott hat den Herrn auferwecket, und wird uns auch auferwecken durch seine Kraft.

*278. (391) 1. Joh. 3, 2. Meine Lieben, wir sind nun Gottes Kinder, und ist noch nicht erschienen, was wir sein werden. Wir wissen aber, wenn es erscheinen wird, daß wir ihm gleich sein werden; denn wir werden ihn sehen, wie er ist. Matth. 5, 8. Hebr. 12, 22—24.

315. Was wird dir damit zu teil?

Das ewige Leben.

*279. (384) 2. Cor. 4, 17—18. Unsere Trübsal, die zeitlich und leicht ist, schaffet eine ewige und über alle Maße wichtige Herrlichkeit, uns, die wir nicht sehen auf das Sichtbare, sondern auf das Unsichtbare. Denn was sichtbar ist, das ist zeitlich; was aber unsichtbar ist, das ist ewig. Off. 7, 16—17.

*280. (385) 1. Petr. 1, 3—4. Gelobet sei Gott und der Vater unseres Herrn Jesu Christi, der uns nach seiner großen Barmherzigkeit wiedergeboren hat zu einer lebendigen Hoffnung, durch die Auferstehung Jesu Christi von den Toten, zu einem unvergänglichen und unbefleckten und unverwelklichen Erbe, das behalten wird im Himmel.

316. Gehen alle Toten ins ewige Leben ein?

Nimmermehr, sondern nur die Gläubigen, die in Christo JEsu sind.

317. Was ist dann auch an dir hinausgegangen?

Der Gnadenrat Gottes des Dreieinigen, der mich erschaffen, erlöst und geheiligt hat.

318. Warum ist dir auch dieser Artikel gewiß?

Weil Gottes Verheißungen nicht trügen können.

281. (386) 2. Cor. 1, 20. Alle Gottesverheißungen sind „Ja" in Christo und sind „Amen" in ihm, Gott zu Lobe durch uns.

* Lied Nr. 558: Jesus, meine Zuversicht 2c.

Drittes Hauptstück.

Das heilige Vater Unser.

Einleitung.

319. Woher stammt das heilige Vater Unser?

Der HErr JEsus Christus hat es seinen Jüngern gegeben. Luc. 11, 1. Matth. 6, 9.

320. Wie heißt es deswegen?

Das Gebet des HErrn.

321. Aus welchem Anlaß hat er es ihnen gegeben?

Auf ihre Bitte: „HErr, lehre uns beten!"

322. Warum haben sie diese Bitte gestellt?

Weil mit Ihm auch für das Beten eine neue Zeit gekommen ist.

323. Was ist das Neue am Gebete des Christen?

Daß es im Namen JEsu, das heißt: im Vertrauen auf sein Verdienst und Mittleramt geschieht.

(Joh. 16, 24: Bisher habt ihr nichts gebeten in meinem Namen.)

324. Wie ist es demnach beschaffen?

Es ist demütig, indem der Christ ferne ist von allem Vertrauen auf eigenes Verdienst;

282. (392) Dan. 9. 18. Wir liegen vor dir mit unserm Gebet, nicht auf unsere Gerechtigkeit, sondern auf deine große Barmherzigkeit.

und es ist gläubig, weil voll Zuversicht auf die gnädige Erhörung.

283. (394) Joh. 14, 13. Was ihr bitten werdet in meinem Namen, das will ich thun, auf daß der Vater geehret werde in dem Sohne. Joh. 16, 23—24.

325. Welche Bedeutung hat das Vater Unser für die Christenheit?

Es ist das eigentliche Gemeindegebet der christlichen Kirche.

326. Warum kann es dies sein?

Weil es das enthält, was alle ohne Unterschied und zu aller Zeit erbitten sollen.

327. Was sollen wir aber zugleich an diesem Gebete lernen?

Wie ein jeder seine besonderen Anliegen vor Gott bringen soll.

328. Was sollen wir vor Gott bringen?

Alles, was unser Herz bewegt, soll zum Gebete werden, und deshalb sollen wir beten ohne Unterlaß.

284 (391) 1. Theff. 5, 17. Betet ohne Unterlaß.

329. Zu welcher Art von Gebet gehört das Vater Unser?

Es ist Bittgebet und Fürbitte.

330. Was gibt es noch für Arten von Gebet?

Den Lobpreis Gottes in der Anbetung, und das Dankgebet.

285. (390) 1. Tim. 2, 1. So ermahne ich nun, daß man vor allen Dingen zuerst thue Bitte, Gebet, Fürbitte und Danksagung für alle Menschen.

331. Worüber müssen wir bei all unserm Beten wachen?

Daß es andächtig, das heißt: nicht bloß mit dem Munde, sondern mit dem Herzen geschehe.

286. (396) Matth. 6, 7. Wenn ihr betet, sollt ihr nicht viel plappern, wie die Heiden, denn sie meinen, sie werden erhöret, wenn sie viele Worte machen.

332. Wie wird das Vater Unser eingeteilt?

In den Eingang, die sieben Bitten und den Beschluß.

333. Wie lautet der Eingang?

Vater unser, der du bist im Himmel.

Was ist das?

Gott will uns damit locken, daß wir glauben sollen, er sei unser rechter Vater, und wir seine rechten Kinder, auf daß wir getrost und mit aller Zuversicht ihn bitten sollen, wie die lieben Kinder ihren lieben Vater.

334. Warum dürfen wir Gott unsern Vater nennen?

Weil wir durch Christum Kindesrecht und durch den heiligen Geist Kindessinn empfangen haben.

287. (399) Röm. 8, 15. Ihr habt nicht einen knechtlichen Geist empfangen, daß ihr euch abermal fürchten müßtet; sondern ihr habt einen kindlichen Geist empfangen, durch welchen wir rufen: Abba, lieber Vater.

335. Warum steht der liebliche Vatername voran?

Weil uns Gott damit locken will.

336. Was sagt der Beisatz: „der du bist im Himmel"?

Daß Gott über alle irdischen Schranken erhaben ist.

337. Wie können wir also bitten?

Getrost, weil er uns erhören will, und mit aller Zuversicht, weil er uns erhören kann.

338. Wovon handeln die drei ersten Bitten?

Von dem, was Gott angeht, wie wir aus der Wiederholung des Wortes „Dein" ersehen.

339. Was soll also unsere erste Sorge sein?

Daß sein Name geheiligt werde, sein Reich komme und sein Wille geschehe.

Die erste Bitte.

Geheiliget werde Dein Name.

Was ist das?

Gottes Name ist zwar an ihm selbst heilig; aber

wir bitten in diesem Gebet, daß er auch bei uns heilig werde.

Wie geschieht das?

Wo das Wort Gottes lauter und rein gelehrt wird, und wir auch heilig, als die Kinder Gottes, darnach leben. Das hilf uns, lieber Vater im Himmel! Wer aber anders lehret und lebet, denn das Wort Gottes lehret, der entheiliget unter uns den Namen Gottes. Davor behüt uns, himmlischer Vater.

340. Warum bedarf Gottes Name dieser unserer Bitte nicht?

Weil sein Name an ihm selbst heilig ist.

341. Um was bitten wir aber in diesem Gebete?

Daß der Name Gottes auch bei uns, das heißt: in unserm Herzen, in unserm Hause, in unserer Gemeinde heilig gehalten werde.

288. (401) Pf. 115, 1. Nicht uns, Herr, nicht uns, sondern deinem Namen gib Ehre, um deine Gnade und Wahrheit. 1. Cor. 10, 31.

342. Wodurch geschieht das?

Durch reine Lehre und heiliges Leben.

289. (—) Pf. 93, 5. Dein Wort ist die rechte Lehre, Heiligkeit ist die Zierde deines Hauses ewiglich.

290. (405) Matth. 5, 16. Lasset euer Licht leuchten vor den Leuten, daß sie eure guten Werke sehen, und euren Vater im Himmel preisen.

343. Wodurch wird also der Name Gottes entheiligt?

Durch falsche Lehre und unheiliges Leben.

Beispiele: Der Teufel. Matth. 4, 5. 6. Die Pharisäer. Matth. 23, 16—23.

Die zweite Bitte.

Dein Reich komme.

Gottes Reich kommt wohl ohne unser Gebet von ihm selbst; aber wir bitten in diesem Gebet, daß es auch zu uns komme.

Wie geschieht das?

Wenn der himmlische Vater uns seinen heiligen Geist gibt, daß wir seinem heiligen Wort durch seine Gnade glauben, und göttlich leben hie zeitlich und dort ewiglich.

344. Was ist das Reich Gottes für ein Reich?

Kein weltliches, sondern ein geistliches Reich.

291. (407) Röm. 14, 17. Das Reich Gottes ist nicht Essen und Trinken, sondern Gerechtigkeit und Friede und Freude in dem heiligen Geist. 1. Cor. 4, 20.

345. Warum kommt es für das Reich Gottes selber nicht auf unser Gebet an?

Weil es auch ohne unser Gebet seinen großen Gang durch die Welt geht.

346. Ist es denn noch nicht da, daß wir erst um sein Kommen beten?

Es ist freilich da als ein Reich der Gnade, das noch unter dem Kreuze steht; muß aber immer mehr hinein in unsere Herzen und hinaus zu den Völkern bringen.

347. Wie geschieht das?

Wenn der himmlische Vater uns seinen heiligen Geist gibt.

292. (409) Joh. 6, 44. Es kann niemand zu mir kommen, es sei denn, daß ihn ziehe der Vater, der mich gesandt hat.

348. Was muß der heilige Geist in uns wirken?

Daß wir Gottes heiligem Worte durch seine Gnade glauben, und göttlich leben.

293. (411) Tit. 2, 11—12. Es ist erschienen die heilsame Gnade Gottes allen Menschen, und züchtiget uns, daß wir sollen verleugnen das ungöttliche Wesen und die weltlichen Lüste, und züchtig, gerecht und gottselig leben in dieser Welt.

Lied Nr. 313: Erhalt uns, Herr, 2c.

349. Warum heißt es: „hie zeitlich und dort ewiglich"?

Weil wir aus dem Reich der Gnade ins Reich der Herrlichkeit eingehen sollen.

Die dritte Bitte.

Dein Wille geschehe, wie im Himmel, also auch auf Erden.

Was ist das?

Gottes guter und gnädiger Wille geschieht wohl ohne unser Gebet; aber wir bitten in diesem Gebet, daß er auch bei uns geschehe.

Wie geschieht das?

Wenn Gott allen bösen Rat und Willen bricht und hindert, so uns den Namen Gottes nicht heiligen und sein Reich nicht kommen lassen wollen, als da ist des Teufels, der Welt und unseres Fleisches Wille; sondern stärket und behält uns fest in seinem Wort und Glauben bis an unser Ende. Das ist sein gnädiger, guter Wille.

350. Was gilt auch vom Willen Gottes?

Daß er ohne unser Gebet hinausgeht.

351. Um was beten wir aber in der dritten Bitte?

Daß Gottes Wille auch bei uns geschehe.

* Lied Nr. 416: Was Gott thut rc.

352. Was begehren wir damit?

Daß auch wir an unserm Teile Gottes Willen ehren und thun möchten, weil er allezeit gut und gnädig, wenn auch oft wider unsere Gedanken ist.

294. (413) Pf. 143, 10. Herr, lehre mich thun nach deinem Wohlgefallen; denn du bist mein Gott: dein guter Geist führe mich auf ebener Bahn.

353. Wie soll Gottes Wille von uns geschehen?

Freudig und vollkommen, wie er im Himmel von den Engeln geschieht.

354. Was steht aber dem Willen Gottes auf Erden entgegen?

Ein böser Rat und Wille, nämlich des Teufels, der Welt und unseres Fleisches Wille.

355. Worauf ist der gerichtet?

Daß wir den Namen Gottes nicht heiligen, und daß sein Reich nicht komme.

356. Wann kann also nur Gottes Wille geschehen?

Wenn Gott jenen bösen Rat und Willen bricht und hindert, dagegen uns stärkt und fest behält in seinem Wort und Glauben bis an unser Ende.

295. (415) 2. Theff. 3, 3. Der Herr ist treu; der wird euch stärken und bewahren vor dem Argen.

296. (416) 1. Theff. 5, 23. Der Gott des Friedens heilige euch durch und durch, und euer Geist ganz samt Seele und Leib müsse behalten werden unsträflich auf die Zukunft unsers Herrn Jesu Christi.

---

357. Wovon handeln die vier letzten Bitten?

Von unsrer Notdurft, wie wir aus dem Worte „uns" erkennen.

358. Von welcher Notdurft handelt die vierte Bitte?

Von der leiblichen, nämlich vom täglichen Brot und allem, was dazu gehört.

359. Von welcher Notdurft handeln die drei letzten Bitten?

Von der geistlichen, nämlich daß Gott die begangenen Sünden uns vergebe, vor neuen uns bewahre, und uns zuletzt ein seliges Ende beschere.

Die vierte Bitte.

Unser täglich Brot gib uns heute.

Was ist das?

Gott gibt täglich Brot auch wohl ohne unsre Bitte allen bösen Menschen; aber wir bitten in diesem Ge=

bet, daß er's uns erkennen lasse, und wir mit Dank=
sagung empfahen unser täglich Brot.

Was heißt denn täglich Brot?

Alles, was zur Leibes=Nahrung und Notdurft ge=
hört, als Essen, Trinken, Kleider, Schuh, Haus, Hof,
Äcker, Vieh, Geld, Gut, fromm Gemahl, fromme
Kinder, fromm Gesinde, fromme und getreue Ober=
herren, gut Regiment, gut Wetter, Friede, Gesund=
heit, Zucht, Ehre, gute Freunde, getreue Nachbarn
und desgleichen.

**360. Gibt Gott das tägliche Brot bloß denen, die ihn
darum bitten?**

Er gibt es auch ohne unser Gebet, allen bösen
Menschen.

297. (417) Matth. 5, 45. Der Vater im Himmel läßt
seine Sonne aufgehen über die Bösen und über die
Guten, und lässet regnen über Gerechte und Unge=
rechte. Apstg. 14, 17.

361. Warum bitten wir gleichwohl darum?

Daß wir es als Gabe Gottes erkennen und mit
Danksagung genießen, weil es uns nur so zum Se=
gen gereicht.

298. (418) 1. Tim. 4, 4—5. Alle Kreatur Gottes
ist gut, und nichts verwerflich, das mit Danksagung
empfangen wird. Denn es wird geheiliget durch das
Wort Gottes und Gebet. 5. Mos. 8, 10.
*Lied Nr. 20: O Gott, du frommer rc.

362. Warum heißt es „täglich" Brot?

Weil wir genügsam sein und nur um so viel
bitten sollen, als wir zur Leibesnahrung und Not=
durft nötig haben.

299. (420) 1. Tim. 6, 6—8. Es ist aber ein großer
Gewinn, wer gottselig ist, und lässet ihm genügen.
Denn wir haben nichts in die Welt gebracht; darum
offenbar ist, wir werden auch nichts hinausbringen. Wenn
wir aber Nahrung und Kleidung haben, so lasset uns
begnügen. Hebr. 13, 5.

Weil wir jeden Tag aufs neue darum bitten sollen.

Die fünfte Bitte.

Vergib uns unsere Schuld, wie wir vergeben unsern Schuldigern.

Was ist das?

Wir bitten in diesem Gebet, daß der Vater im Himmel nicht ansehen wolle unsere Sünde, und um derselbigen willen solche Bitte nicht versagen. Denn wir sind der keines wert, daß wir bitten, haben's auch nicht verdienet, sondern er wolle uns alles aus Gnaden geben; denn wir täglich viel sündigen, und wohl eitel Strafe verdienen. So wollen wir zwar wiederum auch herzlich vergeben, und gerne wohlthun denen, die sich an uns versündigen.

364. Warum fehlt bei den letzten drei Bitten das „ohne unser Gebet?"

Weil es sich hier nicht um Gottes Reich und um unser leibliches Leben handelt, sondern um Gaben für unsere Seele.

365. Um was bitten wir in der fünften Bitte?

Um Vergebung unserer Schuld.

300. (421) Pf. 25, 7. Gedenke nicht der Sünde meiner Jugend und meiner Übertretung; gedenke aber meiner nach deiner Barmherzigkeit, um deiner Güte willen. 2. Mof. 34, 6—7. Math. 18, 23—27.

366. Warum bedürfen wir so notwendig der Vergebung?

Weil wir von Natur der keines wert sind, daß wir bitten, haben's auch nicht verdienet.

301. (422) Luc. 17, 10. Wenn ihr alles gethan habt, was euch befohlen ist, so sprechet: Wir sind unnütze Knechte; wir haben gethan, was wir zu thun schuldig waren.

367. Wann allein können wir freudig um Vergebung bitten?

Wenn wir selber unsern Schuldigern vergeben.

368. Was haben wir demnach zugleich zu geloben?

Daß wir auch herzlich vergeben und gerne wohl=
thun wollen denen, die sich an uns versündigen.

*302. (424) Matth. 6, 14—15. So ihr den Men=
schen ihre Fehler vergebt, so wird euch euer himm=
lischer Vater auch vergeben. Wo ihr aber den Menschen
ihre Fehler nicht vergebet, so wird euch euer Vater eure
Fehler auch nicht vergeben. Matth. 18, 32—35. Luc. 23,
34. Apstg. 7, 59.

303. (425) Röm. 12, 20. So nun deinen Feind hung=
ert, so speise ihn; dürstet ihn, so tränke ihn. Wenn
du das thust, wirst du feurige Kohlen auf sein Haupt
sammeln.

Die sechste Bitte.

Und führe uns nicht in Versuchung.

Was ist das?

Gott versucht zwar niemand; aber wir bitten in
diesem Gebet, daß uns Gott wolle behüten und er=
halten, auf daß uns der Teufel, die Welt und unser
Fleisch nicht betrüge, noch verführe in Mißglauben,
Verzweiflung und andere große Schande und Laster,
und ob wir damit angefochten würden, daß wir doch
endlich gewinnen und den Sieg behalten.

369. Was heißt hier Versuchung?

Die Anreizung zum Bösen.

370. Von wem geht sie aus?

Niemals von Gott, sondern immer vom Teufel,
der Welt und unserem Fleische.

304. (426) Jac. 1, 13. Niemand sage, wenn er versucht
wird, daß er von Gott versucht werde; denn Gott ist
nicht ein Versucher zum Bösen; er versuchet niemand.

7

305. (428) Matth. 18, 7. Wehe der Welt, der Är=
gernis halber! Es muß ja Ärgernis kommen; doch
wehe dem Menschen, durch welchen Ärgernis kommt!
1. Cor. 15, 33.

371. Wodurch versuchen uns dieselben?

Durch arge Gedanken, durch böses Beispiel, durch
Lüste und Begierden.

372. Worauf geht die Versuchung hinaus?

Auf Mißglauben, der auf Gottes Gnade sündigt,
auf Verzweiflung, die der Gnade Gottes nicht mehr
traut, und auf andere große Schande und Laster.
(Selbstmord).

373. Wie allein kann es dem Versucher gelingen?

Nur dadurch, daß er betrügt und verführt.

374. Was erbitten wir nun von Gott?

Daß er uns vor solcher Versuchung gänzlich behüte,
oder doch siegreich in derselben erhalte.

*306. (431) 1. Cor. 10, 13. Es hat euch noch keine
denn menschliche Versuchung betreten; aber Gott ist ge=
treu, der euch nicht lässet versuchen über euer Vermögen,
sondern machet, daß die Versuchung so ein Ende ge=
winne, daß ihr es könnet ertragen.

Die siebente Bitte.

Sondern erlöse uns von dem Übel.

Was ist das?

Wir bitten in diesem Gebet, als in der Summa,
daß uns der Vater im Himmel von allerlei Übel
Leibes und der Seele, Gutes und Ehre erlöse, und
zuletzt, wenn unser Stündlein kommt, ein seliges
Ende beschere und mit Gnaden aus diesem Jammer=
thal zu sich nehme in den Himmel.

375. Was gibt es für Übel in diesem Leben?

Übel am Leib und an der Seele, am Gut und
an der Ehre, wie z. B. Krankheit und Herzeleid,
Verarmung und Schande.

307. (433) Pf. 90, 10. Unser Leben währet siebenzig Jahre; und wenn es hoch kommt, so sind es achtzig Jahre; und wenn es köstlich gewesen ist, so ist es Mühe und Arbeit gewesen. Hiob, 7, 1—3.

† 308. (434) Apstg. 14, 22. Wir müssen durch viel Trübsal in das Reich Gottes gehen. 2. Tim. 3, 12. Röm. 8, 22—23.

*Lied Nr. 541: Wer weiß, wie nahe 2c.

376. Welches ist der Gipfel aller Übel?

Das Erleiden des Todes.

377. Was bitten wir nun in Bezug auf diese Übel?

Daß uns Gott von denselbigen erlöse.

309. (436) Pf. 94, 19. Ich hatte viel Bekümmernis in meinem Herzen; aber deine Tröstungen ergötzten meine Seele. Pf. 119, 92.

310. (437) Hiob 5, 19. Aus sechs Trübsalen wird Gott dich erretten, und in der siebenten wird dich kein Übel rühren. 2. Cor. 4, 8—10.

311. (438) Pf. 34, 20. Der Gerechte muß viel leiden; aber der Herr hilft ihm aus dem allen.

312. (439) Pf. 42, 6. Was betrübst du dich, meine Seele, und bist so unruhig in mir? Harre auf Gott; denn ich werde ihm noch danken, daß er mir hilft mit seinem Angesicht.

*313. (440) Pf. 68, 20—21. Gelobet sei der Herr täglich. Gott legt uns eine Last auf; aber er hilft uns auch. Wir haben einen Gott, der da hilft, und den Herrn Herrn, der vom Tode errettet. Hiob 36, 15—16. Pf. 37, 39—40. 91, 14—15. Jes. 41, 10, 49, 15—16.

378. Wann nimmt uns Gott alles Übel ab?

Wenn er uns ein seliges Ende beschert und mit Gnaden aus diesem Jammerthal zu sich nimmt in den Himmel.

(Bescheren heißt: als Festgabe, zur Überraschung schenken.)

314. (441) 2. Tim. 4, 18. Der Herr wird mich erlösen von allem Übel, und aushelfen zu seinem himmlischen Reich, welchem sei Ehre von Ewigkeit zu Ewigkeit. Röm. 7, 24—25.

7*

315. (442) Off. Joh. 14, 13. **Selig sind die Toten, die in dem Herrn sterben, von nun an.** Ja, der Geist spricht, daß sie ruhen von ihrer Arbeit; denn ihre Werke folgen ihnen nach.

316. (443) Pf. 126. 5—6. **Die mit Thränen säen, werden mit Freuden ernten.** Sie gehen hin und weinen, und tragen edlen Samen, und kommen mit Freuden, und bringen ihre Garben. Off. Joh. 21, 4.

317. (444) Jac. 1, 12. **Selig ist der Mann, der die Anfechtung erduldet;** denn nachdem er bewähret ist, wird er die **Krone des Lebens empfahen,** welche Gott verheißen hat denen, die ihn lieb haben.

*Lied Nr. 529: **Christus, der ist mein** ꝛc.

Der Beschluß.

Denn dein ist das Reich und die Kraft und die Herrlichkeit in Ewigkeit. Amen.

Was ist das?

Daß ich soll gewiß sein, solche Bitten sind dem Vater im Himmel angenehm und erhöret. Denn er selbst hat uns geboten, also zu beten, und verheißen, daß er uns wolle erhören. Amen, Amen, das heißt: Ja, Ja, es soll also geschehen!

379. Was enthält der Beschluß?

Eine Lobpreisung Gottes, des Allmächtigen und Herrlichen, der hoch über aller Erdennot im Himmel thront.

380. Was bekennen wir durch unser Amen?

Daß wir der Erhörung gewiß sind.

318. (446) Pf. 10, 17. Das Verlangen der Elenden hörest du, Herr; ihr Herz ist gewiß, daß dein Ohr darauf merket.

319. (447) Pf. 65, 3. Du erhörest Gebet; darum kommt alles Fleisch zu dir.

381. Warum dürfen wir diese Zuversicht haben?

Weil uns Gott selbst geboten, also zu beten, und verheißen, daß er uns wolle erhören.

*320. (451) Matth. 7, 7—8. Bittet, so wird euch gegeben; suchet so werdet ihr finden; klopfet an, so wird euch aufgethan. Denn wer da bittet, der empfähet; und wer da suchet, der findet; und wer da anklopfet, dem wird aufgethan. Ps. 91, 15. Jes. 65, 24. Joh. 16, 23.

Beispiele der Erhörung des Gebets: 1. Kön. 17, 17—24. 18. 30—39. Joh. 11, 41—42. Apostg. 12, 5—17.

Viertes Hauptstück.
Das Sakrament der heiligen Taufe.

Was ist die Taufe?

Die Taufe ist nicht allein schlecht Wasser; sondern sie ist das Wasser in Gottes Gebot gefaßt, und mit Gottes Wort verbunden.

Welches ist denn solch Wort Gottes?

Da unser HErr Christus spricht Matthäi am letzten: Gehet hin in alle Welt, und lehret alle Völker, und taufet sie im Namen des Vaters und des Sohnes und des heiligen Geistes.

Was gibt oder nützt die Taufe?

Sie wirket Vergebung der Sünden, erlöset vom Tod und Teufel, und gibt die ewige Seligkeit allen, die es glauben, wie die Worte und Verheißung Gottes lauten.

Welches sind denn solche Worte und Verheißung Gottes?

Da unser HErr Christus spricht, Marci am letzten: Wer da glaubet und getauft wird, der wird selig werden; wer aber nicht glaubet, der wird verdammet werden.

Wie kann Wasser solche große Dinge thun?

Wasser thut's freilich nicht, sondern das Wort Gottes, so mit und bei dem Wasser ist, und der Glaube, so solchem Wort Gottes im Wasser trauet.

Denn ohne Gottes Wort ist das Wasser schlecht Wasser und keine Taufe. Aber mit dem Worte Gottes ist es eine Taufe, das ist, ein gnadenreich Wasser des Lebens und ein Bad der neuen Geburt im heiligen Geiste, wie St. Paulus sagt zu Tito im dritten Kapitel: Durch das Bad der Wiedergeburt und Erneuerung des heiligen Geistes, welchen er ausgegossen hat über uns reichlich durch JEsum Christum, unsern Heiland; auf daß wir durch desselbigen Gnade gerecht und Erben seien des ewigen Lebens nach der Hoffnung. Das ist je gewißlich wahr.

Was bedeutet denn solch Wassertaufen?

Es bedeutet, daß der alte Adam in uns durch tägliche Reue und Buße soll ersäuft werden und sterben mit allen Sünden und bösen Lüsten, und wiederum täglich herauskommen und auferstehen ein neuer Mensch, der in Gerechtigkeit und Reinigkeit vor Gott ewiglich lebe.

Wo stehet das geschrieben?

St. Paulus zu den Römern am sechsten spricht: So sind wir je mit ihm begraben durch die Taufe in den Tod, auf daß, gleichwie Christus ist auferwecket von den Toten durch die Herrlichkeit des Vaters, also sollen auch wir in einem neuen Leben wandeln.

382. Was haben wir noch für Gnadenmittel außer dem Worte Gottes?

Die heiligen Sakramente.

383. Was ist ein Sakrament?

Eine heilige, von Christo selbst eingesetzte Handlung, durch welche unter irdischen Zeichen himmlische Gnadengüter mitgeteilt werden.

384. Wie viel Sakramente gibt es deshalb?

Zwei: Taufe und Abendmahl.

385. Wie viel zählt die römisch-katholische Kirche?

Sieben: außer Taufe und Abendmahl noch Firmung, Beichte, Ehe, Priesterweihe, letzte Ölung.

386. Warum können diese heiligen Handlungen nicht als Sakramente gelten?

Weil sie von Christo nicht eingesetzt sind, und teils keine Zeichen haben, teils kein Gnadengut zur Seligkeit mitteilen.

1.

387. Was gehört zur Taufe?

Wasser und Gottes Wort.

321. (452) Eph. 5, 25—26. Christus hat geliebet die Gemeine, und hat sich selbst für sie gegeben; auf daß er sie heiligte, und hat sie gereinigt durch das Wasserbad im Wort.

388. Welches Wort Gottes ist damit gemeint?

Das Einsetzungswort.

389. Wann hat der HErr die Taufe eingesetzt?

In der Zeit zwischen seiner Auferstehung und seiner Himmelfahrt, also nach vollbrachter Erlösung.

390. Wie befiehlt er zu taufen?

Im Namen Gottes des Vaters, des Sohnes und des heiligen Geistes, das heißt auf den Befehl des dreieinigen Gottes.

391. Wie drückt er sich noch aus?

Auf den Namen des Vaters, des Sohnes und des heiligen Geistes, das heißt zur Gemeinschaft und zum Eigentum des dreieinigen Gottes.

392. Was wird man also durch die Taufe?

Ein Kind Gottes.

393. Wer soll getauft werden?

Alle Völker, das heißt: alle Menschen, die noch außerhalb der christlichen Kirche stehen, oder innerhalb derselben geboren werden, weil sie allzumal Sünder sind.

394. Wer wird in der christlichen Kirche getauft?

Die kleinen Kinder; weil schon die heiligen Apostel

ganze Familien getauft haben, und weil der HErr JEsus ausdrücklich die Kindlein zu sich hat bringen heißen, und sie gesegnet hat.

322. (455) Marc. 10, 14—16. Lasset die Kind= lein zu mir kommen, und wehret ihnen nicht; denn solcher ist das Reich Gottes. Wahrlich, ich sage euch: Wer das Reich Gottes nicht empfähet als ein Kindlein, der wird nicht hinein kommen. Und er herzte sie, und legte die Hände auf sie, und segnete sie.

395. Wes muß man aber bei der Taufe eines Kindes gewiß sein?

Daß es nach der Taufe christlich erzogen und un= terwiesen wird; wozu sich nebst den Eltern die Tauf= paten verpflichten.

396. Mit welcher heiligen Handlung schließt diese Unterweisung ab?

Mit der Konfirmation.

397. Was geschieht in der Konfirmation?

Der junge Christ bekennt sich zu dem Glauben sei= ner Kirche, auf den er getauft ist, und gelobt der= selben treu zu bleiben bis in den Tod.

398. Was empfängt er nach solchem Bekenntnis und Gelübde?

Den Segen der Kirche unter der Handauflegung ihres Dieners und der Fürbitte der Gemeinde.

2.

399. Was gibt oder nützt die Taufe?

Sie wirket Vergebung der Sünden, erlöset vom Tod und Teufel und gibt die ewige Seligkeit.

323. (456) Apstg. 2, 38. Thut Buße, und lasse sich ein jeglicher taufen auf den Namen Jesu Christi zur Vergebung der Sünden: so werdet ihr empfahen die Gabe des heiligen Geistes.

324. (459) Tit. 3, 5. Nach seiner Barmherzigkeit macht er uns selig durch das Bad der Wiedergeburt.

400. Warum wirkt sie Vergebung der Sünden und Erlösung von Tod und Teufel?

Weil sie uns in Christum, unsern Erlöser, einpflanzt.

401. Warum gibt sie die ewige Seligkeit?

Weil sie uns zu Kindern Gottes und damit zu Erben des ewigen Lebens macht.

402. Wer hat solchen Segen von der Taufe?

Alle, die da glauben; wie geschrieben steht: „Wer da glaubet und getauft wird, der wird selig werden."

403. Wie viel kommt auch hier auf den Glauben an?

Soviel, daß bei vorhandenem Unglauben selbst die Taufe nicht vor der Verdammnis schützt.

404. Welche Worte sagen uns dies?

Die Worte: „wer aber nicht glaubet, der wird verdammet werden."

3.

405. Worin liegt die Kraft der Taufe?

Nicht im Wasser, sondern im Wort Gottes, nämlich im Einsetzungswort.

406. Wozu macht dies die Taufe?

Zu einem gnadenreichen Wasser des Lebens, das heißt: zu einem Wasser, welches reich an Gnade ist, weil es das Leben wirkt.

407. Wie wirkt dies Wasser das Leben?

Als ein Bad der neuen Geburt im heiligen Geist.

* 325. (460) Joh. 3, 5—6. Wahrlich, wahrlich, ich sage dir: Es sei denn, daß jemand geboren werde aus dem Wasser und Geist, so kann er nicht in das

Reich Gottes kommen. Was vom Fleisch geboren wird, das ist Fleisch; und was vom Geist geboren wird, das ist Geist.

408. Was bringt also das Wort zum Wasser hinzu?

Den heiligen Geist, welcher das himmlische Gnadengut im Sakrament der heiligen Taufe ist.

409. Aus was besteht demnach die Taufe vollständig?

Aus dem Wasser, dem Einsetzungswort und dem heiligen Geist.

410. Wo ist das bezeugt?

In den angeführten Worten Sankt Pauli über die Taufe.

411. Wie wird sie dort genannt?

Das Bad der Wiedergeburt und Erneuerung des heiligen Geistes.

412. Was thut dieser an uns in der Wiedergeburt?

Er pflanzt in uns ein neues geistliches Leben, wie wir in der Geburt unser natürliches, sündiges Leben empfangen haben.

413. Was thut er in der Erneuerung?

Er wandelt uns innerlich um zum Bilde Gottes.

4.

414. Wie hat man zur Zeit JEsu und der Apostel getauft?

Man hat die Täuflinge im Wasser untergetaucht.

415. Wie taufen wir?

Durch Besprengung mit Wasser, weil wir die kleinen Kinder taufen.

416. Was bedeutet das Untertauchen?

Daß der alte Adam in uns ersäuft werden soll.

417. Warum heißt die Sünde in uns „alter Mensch und alter Adam"?

Um anzudeuten, daß nicht ein einzelnes Stück in uns, sondern der ganze Mensch sündig ist, und daß dieser Zustand von Adam herstammt.

418. Was muß deshalb auf die Taufe folgen?

Ein täglicher Kampf der Reue und Buße.

* 326. (461) Eph. 4, 22—24. So leget nun von euch ab nach dem vorigen Wandel den alten Menschen, der durch Lüste in Irrtum sich verderbet; erneuert euch aber im Geiste eures Gemüts, und ziehet den neuen Menschen an, der nach Gott geschaffen ist in rechtschaffener Gerechtigkeit und Heiligkeit. Col. 3, 9—10.

419. Und was bedeutet das Auftauchen?

Daß aus der Taufe ein neuer Mensch hervorgehen soll.

420. Was ist dazu nötig?

Tägliche Übung in der Heiligung.

421. Wozu verpflichtet also die Taufe?

Zu einem fortgesetzten heiligen Wandel.

327. (463) Phil. 3, 12. Nicht, daß ich's schon ergriffen habe, oder schon vollkommen sei; ich jage ihm aber nach, ob ich es auch ergreifen möchte, nachdem ich von Christo Jesu ergriffen bin.

422. Was gibt sie aber zugleich?

Sie gibt zugleich die Kraft zu solchem Wandel.

423. Warum kann sie das?

Weil sie uns in die Gemeinschaft Christi des Gestorbenen und Auferstandenen versetzt.

424. Wo ist das bezeugt?

In den angeführten Worten Sankt Pauli an die Römer.

Fünftes Hauptstück.
Das Sakrament des Altars oder das heilige Abendmahl.

Was ist das Sakrament des Altars?

Es ist der wahre Leib und Blut unseres HErrn JEsu Christi, unter dem Brot und Wein uns Christen zu essen und zu trinken von Christo selbst eingesetzt.

Wo stehet das geschrieben?

So schreiben die heil. Evangelisten Matthäus, Marcus, Lucas und St. Paulus: Unser HErr JEsus Christus in der Nacht, da er verraten ward, nahm er das Brot, dankete und brach's und gab's seinen Jüngern und sprach: Nehmet hin und esset; das ist mein Leib, der für euch gegeben wird. Solches thut zu meinem Gedächtnis. — Desselbigen gleichen nahm er auch den Kelch nach dem Abendmahl, dankete und gab ihnen den, und sprach: Nehmet hin und trinket alle daraus. Dieser Kelch ist das neue Testament in meinem Blut, das für euch vergossen wird zur Vergebung der Sünden. Solches thut, so oft ihr's trinket, zu meinem Gedächtnis.

Was nützet denn solch Essen und Trinken?

Das zeigen uns diese Worte: Für euch gegeben und vergossen zur Vergebung der Sünden; nämlich, daß uns im Sakrament Vergebung der Sünden, Leben und Seligkeit durch solche Worte gegeben wird. Denn wo Vergebung der Sünden ist, da ist auch Leben und Seligkeit.

Wie kann leiblich Essen und Trinken solche große Dinge thun?

Essen und Trinken thut's freilich nicht, sondern die Worte, so da stehen: Für euch gegeben und vergossen zur Vergebung der Sünden, welche Worte sind neben dem leiblichen Essen und Trinken als das Hauptstück im Sakrament. Und wer den=

selbigen Worten glaubet, der hat, was sie sagen und wie sie lauten, nämlich Vergebung der Sünden.

Wer empfähet denn solch Sakrament würdiglich?

Fasten und leiblich sich bereiten, ist wohl eine feine äußerliche Zucht; aber der ist recht würdig und wohl geschickt, der den Glauben hat an diese Worte: Für euch gegeben und vergossen zur Vergebung der Sünden. Wer aber diesen Worten nicht glaubet oder zweifelt, der ist unwürdig und ungeschickt. Denn das Wort: Für euch, fordert eitel glaubige Herzen.

1.

425. Wie heißt das zweite Sakrament?

Sakrament des Altars, weil es am Altare gefeiert wird, Abendmahl oder Nachtmahl, weil es am Abend oder in der Nacht eingesetzt worden ist, Tisch des HErrn, weil wir vom HErrn gespeist und getränkt werden, endlich Kommunion, weil wir da in Gemeinschaft treten mit JEsu und den übrigen Abendmahlsgästen.

426. Was geht aus so vielen Namen hervor?

Daß dieses Sakrament in der Christenheit besonders hoch gehalten worden ist.

427. Was ist das Abendmahl?

Der Genuß des wahren Leibes und Blutes JEsu Christi.

428. Warum steht bei Leib noch der „wahre"?

Anzuzeigen, daß hier nicht bloß ein Zeichen seines Leibes gemeint ist, wie Zwingli lehrt, der da sagt, „ist" sei so viel als „bedeutet"; noch auch eine bloße Kraft, die vom Leibe Christi ausgeht, wie die Lehre

Calvins lautet, — sondern der wirkliche Leib Christi, wie er ihn jetzt an sich hat, nämlich der verklärte.

429. Unter was empfangen wir aber Leib und Blut Christi?

Unter sichtbaren oder irdischen Zeichen, nämlich unter Brot und Wein.

430. Was lehrt die römische Kirche von Brot und Wein?

Daß diese unter der Hand des segnenden Priesters in Leib und Blut Christi verwandelt werden.

431. Wie unterscheiden sich also die Konfessionen in der Abendmahlslehre?

Nach der reformierten Lehre sind die irdischen Elemente von den himmlischen getrennt; nach der römischen sind die irdischen in die himmlischen verwandelt; nach der lutherischen sind beide mit einander verbunden.

432. Wozu werden Leib und Blut Christi dargereicht?

Nur zum Essen und Trinken, so daß sie außerhalb des Genusses nicht gegenwärtig sind, und demnach weder als Opfer Gott dargebracht, noch zur Anbetung ausgesetzt werden können.

433. Wem werden sie dargereicht?

„Uns Christen," das heißt solchen, die getauft sind und glauben; und zwar in Gemeinschaft. Eine Ausnahme macht nur die Krankenkommunion.

434. Womit beweisen wir die Richtigkeit dieser unserer Abendmahlslehre?

Mit den Worten und der Geschichte der Einsetzung.

435. Wann hat Christus das Abendmahl eingesetzt?

In der Nacht, da er verraten ward, im Anschluß an das Osterlamm.

436. Was that er bei der Einsetzung?

Er nahm das Brot, dankete oder segnete es, und brach's und gab's seinen Jüngern und sprach: „Nehmet hin und esset, das ist mein Leib."

437. Wem hat er also das Brot gereicht?

Seinen Jüngern, die bereits an ihn glaubten, und zwar in Gemeinschaft.

438. Wozu hat er's ihnen gereicht?

Zu nichts anderem, als zum Essen.

439. Was hat er aber von diesem gesegneten Brote gesagt?

Daß sie zugleich mit demselben seinen Leib essen.

440. Welchen Leib?

Den nämlichen, der für sie in den Tod gegeben wurde.

441. Was hat er ihnen ebenso gereicht?

Den Kelch; woraus wir sehen, daß derselbe der Gemeinde nicht entzogen werden darf, wenn man gleich behauptet, daß im Leibe schon das Blut enthalten sei, wie die römische Kirche thut.

442. Was hat er vom Kelche gesagt?

„Dieser Kelch ist das neue Testament in meinem Blut", oder „ist mein Blut des neuen Testaments".

443. Was lehrt er damit?

Daß wir, indem wir den Wein trinken, zugleich mit diesem sein Blut genießen und in demselben die Güter des neuen Testamentes empfangen.

* 328. (464) 1. Cor. 10, 16—17. Der gesegnete Kelch, welchen wir segnen, ist der nicht die Gemeinschaft des Blutes Christi? Das Brot, das wir brechen, ist das nicht die Gemeinschaft des Leibes Christi? Denn Ein Brot ist es, so sind wir viele Ein Leib, dieweil wir alle Eines Brotes teilhaftig sind. Matth. 26, 26—28. 1. Cor. 11, 23—25.

2.

444. Was wirkt denn der Genuß des heiligen Abendmahls?

Vergebung der Sünden, Leben und Seligkeit.

445. Warum wirkt er Vergebung der Sünden?

Weil es der für uns in den Tod gegebene Leib und das für uns vergossene Blut ist, welche wir genießen.

329. (465) 1. Cor. 11, 26. So oft ihr von diesem Brot esset und von diesem Kelch trinket, sollt ihr des Herrn Tod verkündigen, bis daß er kommt.

446. Warum wirkt er Leben und Seligkeit?

Weil es Leib und Blut des verklärten Heilandes ist.

* 330. (466) Joh. 6, 55—57. Mein Fleisch ist die rechte Speise, und mein Blut ist der rechte Trank. Wer mein Fleisch isset, und trinket mein Blut, der bleibet in mir, und ich in ihm. Wie mich gesandt hat der lebendige Vater, und ich lebe um des Vaters willen: also, wer mich isset, derselbige wird auch leben um meinetwillen.

447. Wie verhält sich nun die Wirkung des heiligen Abendmahls zu der der heiligen Taufe?

Durch die Taufe wird das geistliche Leben in uns gepflanzt, durch das Abendmahl wird es genährt und gestärkt.

448. Worin ist uns das sinnbildlich dargestellt?

Im Brot und Wein, welche das Leibesleben nähren und stärken.

3.

449. Worin liegt denn die Kraft des heiligen Abendmahls?

Nicht im Essen und Trinken, sondern in dem Worte der Einsetzung, welches zum Brot und Wein hinzukommt.

450. Was ist also das Hauptstück im Sakrament?

Daß die Worte der Einsetzung zu Brot und Wein hinzukommen.

451. Wer allein hat den Segen des Sakraments?

Wer den Worten „für euch gegeben und vergossen" glaubt.

452. Was empfängt demnach der Ungläubige oder der Heuchler?

Wohl auch den Leib und das Blut Christi, aber zum Gerichte.

453. Was ist deshalb notwendig?

Daß wir würdig zum heiligen Abendmahl gehen.

*331. (471) 1. Cor. 11, 27—29. Wer unwürdig von diesem Brot isset, oder von dem Kelch des Herrn trinket, der ist schuldig an dem Leib und Blut des Herrn. Der Mensch aber prüfe sich selbst, und also esse er von diesem Brot, und trinke von diesem Kelch. Denn welcher unwürdig isset und trinket, der isset und trinket ihm selber das Gericht, damit, daß er nicht unterscheidet den Leib des Herrn.

4.

454. Worauf haben wir, wenn wir zum heil. Abendmahl gehen, zunächst zu sehen?

Auf unsere äußere Würdigkeit.

455. Worin besteht dieselbe?

In Fasten und leiblicher Bereitung.

456. Was ist davon zu halten?

Daß wir dadurch eine löbliche, aber freilich nur äußerliche Zucht über uns üben.

457. Wer allein ist recht würdig und wohlgeschickt?

Wer den Glauben hat an diese Worte: „für euch gegeben und vergossen zur Vergebung der Sünden".

458. Was thut nämlich dieser Glaube?

Er eignet sich das Opfer Christi am Kreuze bußfertig an.

332. (470) 2. Cor. 13, 5. Verſuchet euch ſelbſt, ob ihr im Glauben ſeid; prüfet euch ſelbſt.

333. (472) 2. Cor. 7, 10. Die göttliche Traurig=keit wirket zur Seligkeit eine Reue, die niemand ge=reuet; die Traurigkeit aber der Welt wirket den Tod.

334. (473) Pſ. 51, 19. Die Opfer, die Gott gefallen, ſind ein geängſteter Geiſt; ein geängſtetes und zer=ſchlagenes Herz wirſt du, Gott, nicht verachten. Jeſ. 66, 2. Luc. 18, 13.

459. Was muß man ſich zugleich vornehmen?

In Kraft dieſer himmliſchen Stärkung ein neues Leben zu beginnen.

335. (475) Joh. 5, 14. Jeſus ſprach zu ihm: Siehe zu, du biſt geſund worden; ſündige hinfort nicht mehr, daß dir nicht etwas Ärgeres widerfahre. Jeſ. 55, 7.

460. Wozu müſſen wir, wenn wir Vergebung ſuchen, auch wieder bereit ſein?

Zur Verſöhnung mit denen, welche uns beleidigt, und zur Abbitte vor denen, welche wir beleidigt haben.

461. Wer iſt unwürdig?

Der Ungläubige und der Zweifler.

462. Wann darf auch ein Zweifler getroſt zum Sakramente gehen?

Wenn er über ſeine Zweifel betrübt iſt und auf=richtig Stärkung ſeines Glaubens ſucht.

Sechſtes Hauptſtück.
Das Amt der Schlüſſel und die Beichte.
Als Anhang.
A.

Welches ſind die Worte vom Amt der Schlüſſel?

Der HErr JEſus blies ſeine Jünger an und ſprach

zu ihnen: Nehmet hin den heiligen Geist. Welchen ihr die Sünden vergebet, denen sind sie vergeben, und welchen ihr sie behaltet, denen sind sie behalten.

Was ist das?

Ich glaube, was die berufenen Diener Christi aus seinem göttlichen Befehl mit uns handeln, sonderlich, wenn sie die öffentlichen und unbußfertigen Sünder von der christlichen Gemeinde ausschließen, und die, so ihre Sünden bereuen und sich bessern wollen, entbinden, daß es alles so kräftig und gewiß sei auch im Himmel, als handelte es unser lieber HErr Christus selbst.

B.

Was ist die Beichte?

Die Beichte begreift zwei Stücke in sich: eines, daß man die Sünden bekenne, das andere, daß man die Absolution oder Vergebung vom Beichtiger empfahe, als von Gott selber, und ja nicht daran zweifle, sondern fest glaube, die Sünden seien dadurch vergeben vor Gott im Himmel.

Welche Sünden soll man denn beichten?

Vor Gott soll man aller Sünden sich schuldig geben auch die wir nicht erkennen, wie wir im Vater Unser thun; aber vor dem Beichtiger sollen wir allein die Sünden bekennen, die wir wissen und fühlen im Herzen.

Welche sind die?

Da siehe deinen Stand an nach den zehn Geboten, ob du Vater, Mutter, Sohn, Tochter, Herr, Frau, Knecht, Magd seiest; ob du ungehorsam, untreu, unfleißig gewesen seiest; ob du jemand Leid gethan hast mit Worten oder Werken; ob du gestohlen, versäumet, verwahrloset oder Schaden gethan hast.

8*

A.

463. Was ist das Amt der Schlüssel?

Das Amt, welches die Vollmacht hat das Himmelreich aufzuschließen und zuzuschließen.

336. (478) Matth. 16, 19. Ich will dir des Himmelreichs Schlüssel geben. Alles, was du auf Erden binden wirst, soll auch im Himmel gebunden sein; und alles, was du auf Erden lösen wirst, soll auch im Himmel los sein. Matth. 18, 15—18.

464. Wodurch wird das Himmelreich aufgeschlossen?

Durch Vergebung oder Erlassung der Sünden (Löseschlüssel).

465. Wodurch wird es zugeschlossen?

Durch Behaltung der Sünden (Bindeschlüssel).

466. Wer hat dieses Amt eingesetzt?

Der HErr JEsus selbst und zwar alsbald am Tage seiner Auferstehung, mit welcher er die Vergebung der Sünden besiegelt hat.

467. Wem hat er dieses Amt gegeben?

Allen seinen Jüngern und damit der christlichen Kirche.

468. Womit darf dieses Amt nicht verwechselt werden?

Mit dem allgemeinen Priestertum der Gläubigen.

469. Was ist daher zur Führung des Amtes nötig?

Die ordnungsmäßige Berufung durch die christliche Kirche.

470. Wo übt die Kirche diese Berufung aus?

In der Ordination, welche mit Handauflegung und Fürbitte geschieht.

471. Worin besteht der Dienst des Amtes?

In der Verwaltung der Gnadenmittel und der Leitung der Gemeinde.

472. Was ist von diesem Dienst zu halten?

Daß alles, was aus Christi göttlichem Befehle geschieht, so kräftig und gewiß sei, als handelte es unser lieber HErr Christus selbst.

337. (476) 1. Cor. 4, 1. Dafür halte uns jedermann, nämlich für Christi Diener und Haushalter über Gottes Geheimnisse.

338. (477) 2. Cor. 5, 20. So sind wir nun Botschafter an Christi Statt; denn Gott vermahnet durch uns; so bitten wir nun an Christi Statt: Lasset euch versöhnen mit Gott.

473. Wie erweist sich das Amt insbesondere als Schlüsselamt?

Dadurch, daß die öffentlichen und unbußfertigen Sünder von der christlichen Gemeinde ausgeschlossen werden.

*339. Matth. 18, 15—17. Sündiget dein Bruder an dir, so gehe hin und strafe ihn zwischen dir und ihm allein. Höret er dich, so hast du deinen Bruder gewonnen. Höret er dich nicht, so nimm noch einen oder zween zu dir, auf daß alle Sache bestehe auf zweier oder dreier Zeugen Mund. Höret er die nicht, so sage es der Gemeine. Höret er die Gemeine nicht, so halte ihn als einen Heiden und Zöllner.

474. Was sind öffentliche Sünder?

Solche Glieder der Gemeinde, welche durch ihre Sünden öffentliches Ärgernis geben.

475. Was sind unbußfertige Sünder?

Solche, welche ihre Sünde nicht bereuen, oder gar leugnen, wenn sie ihnen vorgehalten wird.

476. Warum sollen solche ausgeschlossen werden?

Nicht aus Herrschsucht oder Selbstgerechtigkeit, sondern damit dieselben erkennen lernen, was sie an der christlichen Gemeinde gehabt haben, und ihre Gemeinschaft wieder begehren.

477. Was sollen die Diener Christi mit den Bußfertigen thun.

Dieselbigen entbinden und wieder in die Gemeinde aufnehmen.

B.

478. In welcher Handlung wird das Amt der Schlüssel hauptsächlich verwaltet.

In der heiligen Handlung der Beichte.

479. Welche zwei Stücke machen die Beichte aus?

Das Sündenbekenntniß und die Absolution.

340. (479) Pf. 32, 5. Ich bekenne dir meine Sünde und verhehle meine Missethat nicht. Ich sprach: Ich will dem Herrn meine Übertretung bekennen. Da vergabst du mir die Missethat meiner Sünde.

341. (480) Spr. 28, 13. Wer seine Missethat leugnet, dem wird's nicht gelingen; wer sie aber bekennet und lässet, der wird Barmherzigkeit erlangen.

*342. (481) 1. Joh. 1, 8—9. So wir sagen, wir haben keine Sünde, so verführen wir uns selbst, und die Wahrheit ist nicht in uns. So wir aber unsere Sünde bekennen, so ist er treu und gerecht, daß er uns die Sünde vergibt, und reiniget uns von aller Untugend.

480. Wie soll man die Absolution empfangen?

Als von Gott selber, weil sie im Auftrag Gottes gesprochen wird.

Lied Nr. 216: Jesus nimmt die ꝛc.

418. Was muß der Beichte vor dem Beichtiger vorausgehen?

Die Beichte vor Gott, vor dem man sich aller Sünden schuldig geben soll.

†343. (484) Pf. 19, 13. Wer kann merken, wie oft er fehlet? Verzeihe mir die verborgenen Fehler.

482. Welcherlei Art kann man vor dem Beichtiger beichten?

Entweder allein, in der Privatbeichte, oder mit vielen in der öffentlichen, allgemeinen Beichte.

Beispiele für die Beichte vor dem Diener Gottes: David vor Nathan, 2. Sam. 12, 13. Die Menge vor Johannes dem Täufer, Marc. 1, 5.

483. Wann werden wir die Privatbeichte wählen?

Wenn wir besondere Sünden wissen und fühlen im Herzen.

484. Was sollen wir thun, um unsere Sünden recht zu erkennen?

Im Spiegel der zehn Gebote unser Herz und Leben beschauen.

344. (485) Pf. 139, 23—24. Erforsche mich, Gott, und erfahre mein Herz; prüfe mich, und erfahre, wie ich's meine. Und siehe, ob ich auf bösem Wege bin, und leite mich auf ewigem Wege.

Augsburgische Konfession,

welche von Melanchthon verfaßt und am 25. Juni 1530 auf dem Reichstag zu Augsburg dem Kaiser Karl V. übergeben worden ist, besteht aus 28 Artikeln, von denen die ersten 21 unseren Glauben und Lehre, die letzten 7 aber die Mißbräuche der römischen Kirche behandeln.

Artikel des Glaubens und der Lehre.

1. Artikel. Von Gott.

Erstlich wird einträchtiglich gelehret und gehalten, laut Beschluß des Concilii Nicäni, daß ein einig göttlich Wesen sei, welches genannt wird und wahrhaftiglich ist Gott, und sind doch drei Personen in demselben einigen göttlichen Wesen, gleich gewaltig, gleich ewig Gott Vater, Gott Sohn, Gott Heiliger Geist, alle drei Ein göttlich Wesen, ewig, ohne Stück, ohne End, unermeßlicher Macht, Weisheit und Güte, ein Schöpfer und Erhalter aller sichtbaren und unsichtbaren Ding. Und wird durch das Wort Person verstanden nicht ein Stück, nicht eine Eigenschaft in einem andern, sondern: das selbst bestehet, wie denn die Väter in dieser Sachen dies Wort gebraucht haben.

Derhalben werden verworfen alle Ketzereien, so diesem Artikel zuwider sind.

2. Artikel. Von der Erbsünde.

Weiter wird bei uns gelehret, daß nach Adams Fall alle Menschen, so natürlich geboren werden, in Sünden empfangen und geboren werden, das ist, daß sie alle von Mutterleibe an voll böser Lust und Neigung sind, und keine wahre Gottesfurcht, keinen wahren Glauben an Gott von Natur haben können; daß auch dieselbige angeborne Seuche und Erbsünde wahrhaftiglich Sünde sei, und verdamme alle die unter ewigen Gottes Zorn, so nicht durch die Taufe und heiligen Geist wiederum neu geboren werden.

·3. Artikel. Von dem Sohne Gottes.

Desgleichen wird gelehret, daß Gott der Sohn sei Mensch worden, geboren aus der reinen Jungfrau Maria, und daß die zwei Naturen, göttliche und menschliche, in Einer Person also unzertrennlich vereiniget, Ein Christus sind, welcher wahrer Gott und Mensch ist, wahrhaftig geboren, gelitten, gekreuziget, gestorben und begraben, daß er ein Opfer wäre nicht allein für die Erbsünde, sondern auch für alle andere Sünde, und Gottes Zorn versühnete.

Item daß derselbige Christus sei abgestiegen zur Hölle, wahrhaftig am dritten Tage von den Toten auferstanden, aufgefahren gen Himmel, sitzend zur Rechten Gottes, daß er ewig herrsche über alle Kreaturen und regiere, daß er alle, so an ihn glauben, durch den heiligen Geist heilige, reinige, stärke und tröste, ihnen auch Leben und allerlei Gaben und Güter austeile, und wider den Teufel und wider die Sünde schütze und beschirme.

Item daß derselbige HErr Christus endlich wird öffentlich kommen, zu richten die Lebendigen und die Toten 2c. Laut des apostolischen Glaubensbekenntnisses.

4. Artikel. Von der Rechtfertigung.

Weiter wird gelehret, daß wir Vergebung der Sünden und Gerechtigkeit vor Gott nicht erlangen mögen durch unser Verdienst, Werk und Genugthun, sondern daß wir Vergebung der Sünden bekommen und vor Gott gerecht werden aus Gnaden um Christi willen durch den Glauben, so wir glauben, daß Christus für uns gelitten hat, und daß uns um seinetwillen die Sünde vergeben, Gerechtigkeit und ewiges Leben geschenkt wird. Denn diesen Glauben will Gott für Gerechtigkeit vor ihm halten, und zurechnen, wie St. Paulus sagt zu den Römern am 3. und 4.

5. Artikel. Vom Predigtamt.

Solchen Glauben zu erlangen, hat Gott das Predigtamt einge-setzt, Evangelium und Sakrament gegeben, dadurch er, als durch Mittel, den heiligen Geist gibt, welcher den Glauben, wo und wann er will, in denen, so das Evangelium hören, wirket, welches da lehret, daß wir durch Christi Verdienst, nicht durch unser Verdienst einen gnädigen Gott haben, so wir solches glauben.

Und werden verdammt die Wiedertäufer und andere, so lehren, daß wir ohne das leibliche Wort des Evangelii den heiligen Geist durch eigene Bereitung, Gedanken und Werk erlangen.

6. Artikel. Vom neuen Gehorsam.

Auch wird gelehret, daß solcher Glaube gute Früchte und gute Werke bringen soll, und daß man müsse gute Werke thun, allerlei so Gott geboten hat, um Gottes willen, doch nicht auf solche Werke zu vertrauen, dadurch Gnade vor Gott zu verdienen. Denn wir empfahen Vergebung der Sünden und Gerechtigkeit durch den Glauben an Christum, wie Christus selbst spricht, Lucä 17: So ihr dies alles gethan habt, sollt ihr sprechen, wir sind untüchtige Knechte. Also lehren auch die Väter. Denn Ambrosius spricht: Also ists be-schlossen bei Gott, daß wer an Christus glaubt, selig sei, und nicht durch Werk, sondern allein durch den Glauben, ohne Verdienst Vergebung der Sünden habe.

7. Artikel. Von der Kirche.

Es wird auch gelehret, daß allezeit müsse eine heilige christliche Kirche sein und bleiben, welche ist die Versammlung aller Gläubigen, bei welchen das Evangelium rein gepredigt und die heiligen Sakrament laut des Evangelii gereicht werden.

Denn dieses ist genug zu wahrer Einigkeit der christlichen Kirchen, daß da einträchtiglich nach reinem Verstand das Evangelium gepredigt und die Sakramente dem göttlichen Wort gemäß gereicht werden. Und ist nicht not zu wahrer Einigkeit der christlichen Kirchen, daß allenthalben gleichförmige Zeremonien, von den Menschen eingesetzt, gehalten werden. Wie Paulus spricht, Eph. 4, 4. 5: Ein Leib, Ein Geist, wie ihr berufen seid zu einerlei Hoffnung eures Berufs. Ein Herr, Ein Glaube, Eine Taufe.

8. Artikel. Was die Kirche sei.

Weiter wiewohl die christliche Kirche eigentlich nichts anders ist denn die Versammlung aller Gläubigen und Heiligen, jedoch dieweil in diesem Leben viel falscher Christen und Heuchler sind, auch öffentliche Sünder unter den Frommen bleiben, so sind die Sakramente gleichwohl kräftig, obschon die Priester, durch welche sie gereicht werden, nicht fromm sind, wie denn Christus selbst anzeigt, Matth. 23, 2: Auf dem Stuhl Mosi sitzen die Pharisäer 2c.

9. Artikel. Von der Taufe.

Von der Taufe wird gelehret, daß sie nötig sei, und daß dadurch Gnade angeboten werde, daß man auch die Kinder taufen soll, welche durch solche Taufe Gott überantwortet und gefällig werden.

Derhalben werden die Wiedertäufer verworfen, welche lehren, daß die Kindertaufe nicht recht sei.

10. Artikel. Vom heiligen Abendmahl.

Vom Abendmahl des Herrn wird also gelehret, daß wahrer Leib und Blut Christi wahrhaftiglich unter der Gestalt des Brots und Weins im Abendmahl gegenwärtig sei und da ausgeteilt und genommen wird. Derhalben wird auch die Gegenlehre verworfen.

11. Artikel. Von der Beichte.

Von der Beichte wird also gelehrt, daß man in der Kirche die Privatabsolution (Privatbeichte) erhalten und nicht fallen lassen soll. Wiewohl in der Beicht nicht not ist alle Missethat und Sünden zu erzählen, dieweil doch solches nicht möglich ist. Psalm 19, 13: Wer kennet die Missethat?

12. Artikel. Von der Buße.

Von der Buße wird gelehret, daß diejenigen, so nach der Taufe gesündigt haben, zu aller Zeit, so sie zur Buße kommen, können Vergebung der Sünde erlangen, und ihnen die Absolution von der Kirchen nicht soll geweigert werden. Und ist wahre rechte Buße eigentlich: Reu und Leid oder Schrecken haben über die Sünde, und doch daneben glauben an das Evangelium und Absolution, daß die Sünde vergeben und durch Christum Gnade erworben sei. Welcher Glaube wiederum das

Herz tröstet und zufrieden macht. Darnach soll auch Besserung folgen, und daß man von Sünden lasse. Denn dies sollen die Früchte der Buße sein, wie Johannes spricht, Matth. 3, 8: Wirket rechtschaffene Früchte der Buße.

Hier werden verworfen die, so lehren, daß diejenigen, so einst sind fromm worden, nicht wieder fallen mögen.

Dagegen werden auch verdammt die Novatianer, welche die Absolution denen, so nach der Taufe gesündigt hatten, weigerten.

Auch werden die verworfen, so nicht lehren, daß man durch Glauben Vergebung der Sünde erlange, sondern durch unser Genugthun.

13. Artikel. Vom Gebrauch der Sakramente.

Vom Brauch der Sakramente wird gelehrt, daß die Sakramente eingesetzt sind nicht allein darum, daß sie Zeichen seien, dabei man äußerlich die Christen kennen möge, sondern daß es Zeichen und Zeugnisse sind göttlichen Willens gegen uns, unsern Glauben dadurch zu erwecken und zu stärken. Derhalben sie auch Glauben fordern, und dann recht gebraucht werden, wenn man's im Glauben empfähet und den Glauben dadurch stärket.

14. Artikel. Vom Kirchen-Regiment.

Vom Kirchen-Regiment wird gelehret, daß niemand in der Kirche öffentlich lehren oder predigen oder Sakrament reichen soll ohne ordentlichen Beruf.

15. Artikel. Von Kirchenordnungen.

Von Kirchenordnungen, von Menschen gemacht, lehret man diejenigen halten, so ohne Sünde mögen gehalten werden, und zu Frieden, zu guter Ordnung in der Kirchen dienen, als gewisse Feier, Feste und dergleichen. Doch geschieht Unterricht dabei, daß man die Gewissen nicht damit beschweren soll, als sei solch Ding nötig zur Seligkeit. Darüber wird gelehret, daß alle Satzungen und Tradition von Menschen dazu gemacht, daß man dadurch Gott versühne und Gnad verdiene, dem Evangelio und der Lehre vom Glauben an Christum entgegen sind. Derhalben seien Klostergelübde und andere Tradition von Unterschied der Speise, Tage 2c., dadurch man vermeint Gnade zu verdienen und für Sünde genug zu thun, untüchtig und wider das Evangelium.

16. Artikel. Von der Polizei und weltlichem Regiment.

Von Polizei und weltlichem Regiment wird gelehrt, daß alle Obrigkeit in der Welt, und geordnete Regimente und Gesetze, gute Ordnung von Gott geschaffen und eingesetzt sind. Und daß Christen mögen in Obrigkeit-, Fürsten- und Richteramt ohne Sünde sein, nach kaiserlichen und andern üblichen Rechten Urteil und Recht sprechen, Übelthäter mit dem Schwert strafen, rechte Kriege führen, streiten, kaufen und verkaufen, aufgelegte Eide thun, Eigenes haben, ehelich sein 2c.

Hie werden verdammt die Wiedertäufer, so lehren, daß der Obangezeigten keines christlich sei.

Auch werden diejenigen verdammt, so lehren, daß christliche Vollkommenheit sei, Haus und Hof, Weib und Kind leiblich verlassen und sich der vorberührten Stücke äußern, so doch dies allein rechte Vollkommenheit ist, rechte Furcht Gottes und rechter Glaube an Gott. Denn das Evangelium lehret nicht ein äußerlich zeitlich, sondern innerlich ewig Wesen und Gerechtigkeit des Herzens, und stößet nicht um weltlich Regiment, Polizei und Ehestand, sondern will, daß man solches alles halte als wahrhaftige Ordnung, und in solchen Ständen christliche Liebe und rechte gute Werke ein jeder nach seinem Beruf beweise. Derhalben sind die Christen schuldig, der Obrigkeit unterthan und ihren Geboten gehorsam zu sein, in allem, so ohne Sünde geschehen mag. Denn so der Obrigkeit Gebot ohne Sünde nicht geschehen mag, soll man Gott mehr gehorsam sein, denn den Menschen. Apstg. 5, 29.

17. Artikel. Von der Wiederkunft Christi zum Gericht.

Auch wird gelehret, daß unser Herr JEsus Christus am jüngsten Tag kommen wird zu richten, und alle Toten auferwecken, den Gläubigen und Auserwählten ewiges Leben und ewige Freude geben, die gottlosen Menschen aber und die Teufel in die Hölle und ewige Strafe verdammen.

Derhalben werden die Wiedertäufer verworfen, so lehren, daß die Teufel und verdammte Menschen nicht ewige Pein und Qual haben werden.

18. Artikel. Vom freien Willen.

Vom freien Willen wird gelehret, daß der Mensch etlichermaßen einen freien Willen hat, äußerlich ehrbar zu leben, und zu wählen unter denen Dingen, so die Vernunft begreift. Aber ohne Gnade, Hilfe und Wirkung des Heiligen Geistes vermag der Mensch nicht Gott gefällig werden, Gott herzlich zu fürchten oder zu glauben, oder die angeborne böse Lust aus dem Herzen zu werfen. Sondern solches geschieht durch den heiligen Geist, welcher durch Gottes Wort gegeben wird. Denn Paulus spricht 1. Kor. 2, 14: Der natürliche Mensch vernimmt nichts vom Geist Gottes.

Und damit man erkennen möge, daß hierin keine Neuigkeit gelehrt werde, so sind das die klaren Worte Augustin's vom freien Willen: Wir bekennen, daß in allen Menschen ein freier Wille ist. Denn sie haben je alle natürlichen angebornen Verstand und Vernunft, nicht daß sie etwas vermögen mit Gott zu handeln, als Gott von Herzen zu lieben, zu fürchten, sondern allein in äußerlichen Werken dieses Lebens haben sie Freiheit, Guts oder Böses zu wählen. Gut mein ich, das die Natur vermag, als auf dem Acker zu arbeiten oder nicht, zu essen, zu trinken, zu einem Freunde zu gehen, oder nicht, ein Kleid an- oder auszuthun, zu bauen, ein Weib zu nehmen, ein Handwerk zu treiben und dergleichen etwas Nützlichs und Guts zu thun. Welches alles doch ohne Gott nicht ist, noch bestehet, sondern alles aus ihm und durch ihn ist. Dagegen kann der Mensch auch Böses aus eigener Wahl fürnehmen, als vor einem Abgott niederzuknieen, einen Totschlag zu thun 2c.

19. Artikel. Von Ursach der Sünden.

Von Ursach der Sünden wird bei uns gelehret, daß, wiewohl Gott der Allmächtige die ganze Natur geschaffen hat und erhält, so wirket doch der verkehrte Wille die Sünde in allen Bösen und Verächtern Gottes. Wie wenn des Teufels Wille ist und aller Gottlosen, welcher alsbald, so Gott die Hand abgethan, sich von Gott zum Argen gewandt hat, wie Christus spricht, Joh. 8: Der Teufel redet Lügen aus seinem Eigenen.

20. Artikel. Vom Glauben und guten Werken.

Den Unsern wird mit Unwahrheit aufgelegt, daß sie gute Werke verbieten. Denn ihre Schriften von Zehn Geboten und andere beweisen, daß sie von rechten christlichen Ständen und Werken guten, nützlichen Bericht und Ermahnung gethan haben, davon man vor dieser Zeit wenig gelehret hat, sondern allermeist in allen Predigten auf kindische, unnötige Werke, als: Rosenkränze, Heiligendienst, Mönchwerden, Wallfahrten, gesetzte Fasten-Feier, Brüderschaften 2c., getrieben. Solche unnötige Werke rühmet auch unser Widerpart nun nicht mehr so hoch als vorzeiten. Dazu haben sie auch gelernt nun vom Glauben zu reden, davon sie doch in Vorzeiten gar nichts gepredigt haben, lehren dennoch nun, daß wir nicht allein aus Werken gerecht werden vor Gott, sondern setzen den Glauben an Christum darzu, sprechen, Glauben und Werke machen uns gerecht vor Gott, welche Rede mehr Trostes bringen möge, denn so man allein lehrt auf Werke zu vertrauen.

Dieweil nun die Lehr vom Glauben, die das Hauptstück ist in christlichem Wesen, so lange Zeit, wie man bekennen muß, nicht getrieben worden, sondern allein Werklehre an allen Orten gepredigt, ist davon durch die Unsern solcher Unterricht geschehen:

Erstlich daß uns unsere Werke nicht mögen mit Gott versühnen und Gnade erwerben, sondern solches geschieht allein durch den Glauben, so man glaubt, daß uns um Christi willen die Sünden vergeben werden, welcher allein der Mittler ist, den Vater zu versühnen, 1. Tim. 2, 5. Wer nun vermeinet solches durch Werke auszurichten und Gnade zu verdienen, der verachtet Christum und sucht einen eigen Weg zu Gott wider das Evangelium.

Diese Lehr vom Glauben ist öffentlich und klar von Paulus an vielen Orten gehandelt, sonderlich zu den Ephesern am 2, 8: Aus Gnaden seid ihr selig worden durch den Glauben, und dasselbige nicht aus euch, sondern es ist Gottes Gabe, nicht aus Werken, damit sich niemand rühme 2c. Und daß hierin kein neuer Verstand eingeführet sei, kann man aus Augustinus beweisen, der diese Sache fleißig handelt und auch also lehret, daß wir durch den Glauben an Christum Gnade erlangen und vor Gott gerecht werden, und nicht durch Werke, wie sein ganzes Buch de spiritu et litera ausweiset. Wiewohl nun diese Lehr bei unversuchten Leuten sehr veracht wird, so findet sich doch, daß sie den blöden und erschrockenen Gewissen sehr tröstlich und heilsam ist. Denn das Gewissen kann nicht zu Ruhe und Friede kommen durch Werke, sondern allein durch Glauben, so es bei sich gewißlich schließt, daß es um Christi willen einen gnädigen Gott habe, wie auch Paulus spricht, Röm. 5: So wir durch den Glauben sind gerecht worden, haben wir Ruhe und Friede mit Gott.

Diesen Trost hat man vorzeiten nicht getrieben in Predigten, sondern die armen Gewissen auf eigene Werke getrieben, und mancherlei Werke fürgenommen. Denn etliche hat das Gewissen in die Klöster gejagt, der Hoffnung, daselbst Gnade zu erwerben durch Klosterleben, etliche haben andere Werke erdacht, damit Gnade zu verdienen und für Sünde genug zu thun. Derselbigen viel haben erfahren, daß man dadurch nicht ist zu Frieden kommen. Darum ist not gewesen, diese Lehre vom Glauben an Christum zu predigen und fleißig zu treiben, daß man wisse, daß man allein durch den Glauben, ohne Verdienst Gottes Gnade ergreifet.

Es geschieht auch Unterricht, daß man hie nicht von solchem Glauben redet, den auch die Teufel und Gottlose haben, die auch die Historien glauben, daß Christus gelitten hab und auferstanden sei von Toten, sondern man redet von wahrem Glauben, der da glaubet, daß wir durch Christum Gnade und Vergebung der Sünden erlangen.

Und der nun weiß, daß er einen gnädigen Gott durch Christum hat, kennet also Gott, rufet ihn an und ist nicht ohne Gott wie die Heiden. Denn der Teufel und Gottlose glauben diesen Artikel, Vergebung der Sünde, nicht, darum sind sie Gott feind, können ihn nicht anrufen, nichts gutes von ihm hoffen. Und also, wie jetzt angezeigt ist, redet die Schrift vom Glauben, und heißet nicht Glauben ein solches Wissen, das Teufel und gottlose Menschen haben. Denn also wird vom Glauben gelehret Hebr. am 11., daß glauben sei nicht allein die Historien wissen, sondern Zuversicht haben zu Gott, seine Zusage zu empfahen. Und Augustinus erinnert uns auch, daß wir das Wort Glauben in der Schrift verstehen sollen, daß es heiße Zuversicht zu Gott, daß er uns gnädig sei, und heiße nicht allein solche Historien wissen, wie auch die Teufel wissen.

Ferner wird gelehrt, daß gute Werke sollen und müssen geschehen, nicht daß man darauf vertraue, Gnade damit zu verdienen, sondern um Gottes willen und Gott zu Lob. Der Glaube ergreift allezeit allein Gnade und Vergebung der Sünden. Und dieweil durch den Glauben der heilige Geist gegeben wird, so wird auch das Herz geschickt, gute Werke zu thun. Denn zuvor dieweil es ohne den heiligen Geist ist, so ist es zu schwach, dazu ist es ins Teufels Gewalt, der die arme menschliche Natur zu viel Sünden treibet. Wie wir sehen in den Philosophen, welche sich unterstanden, ehrlich und unsträflich zu leben, haben aber dennoch solches nicht ausgerichtet, sondern sind in viel große öffentliche Sünde gefallen. Also gehet es mit dem Menschen, so er außer dem rechten Glauben ohne den heiligen Geist ist, und sich allein durch eigene menschliche Kräfte regieret.

Derhalben ist die Lehre vom Glauben nicht zu schelten, daß sie gute Werke verbiete, sondern vielmehr zu rühmen, daß sie lehre gute Werke zu thun, und Hilfe anbiete, wie man zu guten Werken kommen möge. Denn außer dem Glauben und außerhalb Christo ist menschliche Natur und Vermögen viel zu schwach gute Werke zu thun, Gott anzurufen, Geduld zu haben im Leiden, den Nächsten zu lieben, befohlene

Ämter fleißig auszurichten, gehorsam zu sein, böse Lüste zu meiden. Solche hohe und rechte Werke mögen nicht geschehen ohne die Hilfe Christi, wie er selbst spricht, Joh. 15, 5: Ohne mich könnt ihr nichts thun ꝛc.

21. Artikel. Vom Dienst der Heiligen.

Vom Heiligendienst wird von den Unsern also gelehrt, daß man der Heiligen gedenken soll, auf daß wir unsern Glauben stärken, so wir sehen, wie ihnen Gnade widerfahren, auch wie ihnen durch Glauben geholfen ist. Dazu daß man Exempel nehme von ihren guten Werken, ein jeder nach seinem Beruf. Gleichwie die Kaiserl. Majestät seliglich und göttlich dem Exempel Davids folgen mag, Kriege wider den Türken zu führen. Denn beide sind sie in königlichem Amt, welches Schutz und Schirm ihrer Unterthanen fordert. Durch Schrift aber mag man nicht beweisen, daß man die Heiligen anrufen oder Hilfe bei ihnen suchen soll. Denn es ist allein ein einiger Versühner und Mittler gesetzt zwischen Gott und den Menschen, Jesus Christus, 1. Tim. 2, 5 welcher ist der einige Heiland, der einige oberste Priester, Gnadenstuhl und Fürsprecher vor Gott, Röm. 8, 34. Und er hat allein zugesagt, daß er unser Gebet erhören wolle. Das ist auch der höchste Gottesdienst nach der Schrift, daß man denselbigen Jesum Christum in allen Nöten und Anliegen von Herzen suche und anrufe. 1. Joh. 2, 1 So jemand sündiget, haben wir einen Fürsprecher bei Gott, der gerecht ist, Jesum.

Dies ist fast die Summa der Lehre, welche in unsern Kirchen rechtem, christlichem Unterricht und Trost der Gewissen, auch zur Besserung der Gläubigen gepredigt und gelehret ist. Wie wir denn unsere eigen Seel und Gewissen je nicht gerne wollten vor Gott mit Mißbrauch göttlichen Namens oder Worts in die höchste und größte Gefahr setzen, oder auf unsere Kinder und Nachkommen eine andere Lehre denn so dem reinen göttlichen Wort und christlicher Wahrheit gemäß erben. So denn dieselbige in heiliger Schrift klar gegründet und darzu auch gemeiner christlicher, ja römischer Kirchen, so viel uns der Väter Schriften zu vermerken, nicht zuwider noch entgegen ist, achten wir auch, unsere Widersacher können in obangezeigten Artikeln nicht uneinig mit uns sein. Derhalben handeln diejenigen ganz unfreundlich, geschwind und wider alle christliche Einigkeit und Liebe, die Unsern derhalben als Ketzer abzusondern, zu verwerfen und zu meiden, ihnen selbst ohne einigen beständigen Grund göttlicher Gebot oder Schrift fürnehmen. Denn die Irrung und Zank ist fürnehmlich über etlichen Traditionen und Mißbräuchen. So denn nun an den Hauptartikeln kein befindlicher Ungrund oder Mangel, und dies unser Bekenntnis göttlich und christlich ist, sollten sich billig die Bischöfe, wenn schon bei uns der Tradition halben ein Mangel wäre, gelinder erzeigen, wo wohl wir verhofften, beständigen Grund und Ursachen darzuthun, warum bei uns etliche Tradition und Mißbräuche geändert sind.

Zeitfracht Medien GmbH
Ferdinand-Jühlke-Straße 7
99095 Erfurt, Deutschland
produktsicherheit@kolibri360.de